数字城市与城域区块链基础设施

吴海军　编著

电子工业出版社
Publishing House of Electronics Industry
北京·BEIJING

内 容 简 介

雄安新区在城市建设史上首次实现了"数字城市"和"实体城市"同步规化、同步建设，为了全景展现雄安新区在数字城市和区块链基础设施方面的探索和创新，本书详细介绍了城域区块链的理念认知、技术突破和应用实践，深入剖析了从信息化到数字化转型、从互联网到区块链网络、从互联网思维跨越到区块链思维的转变逻辑，并用丰富翔实的案例阐述了区块链服务数字政府和数字经济的场景和路径，旨在为各地建设数字政府、发展数字经济提供参考范例，也希望为信息技术企业、金融机构创新产品和业务形态带来有益启发。

未经许可，不得以任何方式复制或抄袭本书之部分或全部内容。
版权所有，侵权必究。

图书在版编目（CIP）数据

数字城市与城域区块链基础设施 / 吴海军编著 . —北京：电子工业出版社，2023.10

ISBN 978-7-121-46448-5

Ⅰ. ①数… Ⅱ. ①吴… Ⅲ. ①区块链技术－应用－现代化城市－基础设施－研究－雄安新区 Ⅳ. ① F299.272.23

中国国家版本馆 CIP 数据核字（2023）第 186083 号

责任编辑：张　冉　　特约编辑：张　懿
印　　刷：三河市鑫金马印装有限公司
装　　订：三河市鑫金马印装有限公司
出版发行：电子工业出版社
　　　　　北京市海淀区万寿路 173 信箱　邮编：100036
开　　本：720×1000　1/16　印张：13.75　字数：184.8 千字
版　　次：2023 年 10 月第 1 版
印　　次：2023 年 10 月第 2 次印刷
定　　价：89.00 元

凡所购买电子工业出版社图书有缺损问题，请向购买书店调换。若书店售缺，请与本社发行部联系，联系及邮购电话：(010) 88254888，88258888。

质量投诉请发邮件至 zlts@phei.com.cn，盗版侵权举报请发邮件至 dbqq@phei.com.cn。

本书咨询联系方式：(010) 88254439，zhangran@phei.com.cn，微信号：yingxianglibook。

编 委 会

编　委　谢秉鑫　孟宏伟　李　军　吴汉辕
　　　　　张　强　梁智昊　张钊睿

序言 FOREWORD

　　区块链技术是由分布式计算和密码学等技术组合而成的集成式技术，是互联网与数字技术一如既往地快速迭代发展的产物。区块链技术在微观层面设计了严谨有序的链式结构与执行代码，在宏观层面引入了多中心共识、共享、共监督的机制，构建起数据增强信任体系。自区块链技术出世起，人们就期望它能够参与并监督数字化系统运行，建立低成本的数字信任环境，从而让数字经济和数字社会的运行秩序井然。

　　然而，在相当长一段时间里，区块链技术是和"炒币"概念等同的，人们针对比特币的争议影响了对区块链的认知，随着"炒币"的退潮，区块链也开始了自主的进化。先是以太坊凭借可编程的智能合约技术支持各种多中心应用的开发，为动态执行过程提供了可信保障，使得事件的执行过程得到保证。随后，只接受限定范围的节点直接连入的联盟链大行其道，其在一定程度上弱化了区块链的"分布式"特点，采用有限多中心化的方式实现数据层面的共识，既能保障区块链的安全可靠，又可以满足现阶段更多复杂应用的需求，并开始应用到数据存证、司法存证、食品溯源等应用场景，初步体现出区块链服务实体经济的价值。

但随着各类区块链应用的落地和运营，链上数据甚至链上资产不断累积，新的问题又产生了，各联盟链之间的数据和操作交互较为困难，节点的增多导致性能明显下降，使新维度上的"信息孤链"，即多数区块链的应用局限于某些主体的特定场景，链与链之间的交互和打通既缺少自顶向下的统一规划，又缺少自底向上的技术支撑。特别是在智慧城市运行过程中，必然需要公共数据和城市各类主体的数据安全规范地采集、存储、使用、共享、流通，原本因具有被普遍认可的信任与协同机制可以大展拳脚的区块链，却因为缺乏系统性和可扩展性的技术框架，与自我证明的难逢机遇擦身而过。

看到雄安新区将区块链作为数字城市基础设施的探索后，我豁然感受到技术对社会变革的影响是如此深远和彻底。雄安新区不再是把人们习以为常的行为方式简单地电子化、网络化，而是深入探寻行为的根本逻辑和规律，找出影响效率和效果的原因，思考用技术和制度让偏离初衷的行为回归正轨的方法。在数字政府建设方面，雄安新区基于区块链的优势，在惠企服务、住房管理、项目审批、资金管理等多个政府核心业务领域推进跨部门、跨层级、跨业务系统数据融合，实现数据共享、重构业务流程、提升协同效率。在数字经济发展方面，雄安新区基于区块链建设了产业互联网、供应链金融、数字贸易等场景，通过构建企业自主的数据账户"还数于企"；通过政策激励和数据资产价值兑现，实现政企数据的有效融合，建立了数据提供方、使用方、服务方、监管方参与的数据要素服务生态，全面释放数据要素价值。

在数字城市安全方面，雄安新区建立基于区块链的数字身份系统，融合网络安全技术、物联网技术等，让城市全域各类数据实现身份自主、数据自主和算法自主。

在此，我对雄安新区勇于创新的精神和脚踏实地的探索感到由衷的钦佩。雄安新区将区块链作为城市新型基础设施带上了城市建设的舞台，不仅引导城市管理者深入思考区块链如何支撑数字智能城市建设与治理，也给科技工作者和数字产业从业者拓展了研究方向和发展空间，希望在雄安经验的启发下，中国有更多城市能尽快规划好包括区块链在内的城市数字化基础设施，布局更多数字经济和生活场景，提高公众数字素养，迎接数字文明的到来。

中国工程院院士 刘韵洁

2023 年 8 月

FOREWORD 前言

数字城市通过信息技术将各类数据有效利用起来，让城市运行、民生服务、产业发展的方方面面都能实现高效便捷、透明公平、共享共荣，进而达成深度学习、自主决策的目标，并在此过程中围绕数据建立起崭新的社会信用体系、资产价值体系、法律制度体系等数字社会运行架构。由于数据具有繁杂多样、无限增长、虚实结合等特点，数字社会必定要在多中心共识、共享、共监督的机制下运行，这恰恰与区块链技术本质特征相吻合，也意味着数字城市与区块链技术必然在相依相生中共同成长。

雄安新区在同步规划、同步建设数字孪生城市的过程中，赋予区块链技术以城市基础设施的重要地位。从初期的单点应用开始探索，雄安新区相继研发了自主可控的区块链底层平台及相应的标准规范，打造了国内最大规模的、服务城市建设和产业发展的区块链应用场景，初步构建起"多链并存、跨链互通"的城市级"链网"结构，逐步形成了城域区块链的理念。在建设雄安这场宏大的区块链应用实践中，有三个重要节点：第一个是2018年4月，中共中央、国务院批复的《河北雄安新区规划纲要》明确提出超前布局区块链、太赫兹、认知计算等技术研发及试验，这使雄安从建设伊始就植入了区块链基因；第二个是2019年10月，中共中央政治局就区块链技术发展现状和趋势进行集体学习，坚定了雄安推进区块链发展的信心和勇气，开始了区块链服务数字城市建设的全方位应用实践；第三个是2021年，相关部门在雄安建设的实践中认识到区块链的基础设施属性，开始把区块链按照城市新型基础设施进行部署和建设，使区块链的发展走出了一条新路。若把一个个独立的联盟链比作"池塘"，把未来的价值互联网比作"海洋"，那么城域区块链就是"湖泊"，它能够建立比单一联盟链更大的信任域，适应区块链技术的成熟度，更能促进城域范围内及城际之间的数据共享和流通。湖泊相较于池塘水域更宽、容量更大、生态更丰富，虽然相较于海洋还有很大的差距，却是汇入海洋的必经之路。

雄安新区的城域区块链创新体现在理念认知、技术突破和应用实践三个层次。

一、理念认知：区块链构筑数字文明基石

数字文明是在数字技术与新秩序催生下正在孕育和萌芽的新型文明形态，其本质特征聚焦于数字信任、科技向善和共享社会。对此，区块链不仅提供了技术工具，还提供了方法论，即区块链思维。区块链思维是一种运用区块链内在特性综合考虑问题的思维方法，是在数字技术不断发展的背景下，对整个社会、经济、生态进行重新审视的思考方式。区块链思维包括分布式思

维、代码化思维、数据要素思维、隐私保护思维、共享思维和社会化思维。分布式思维和代码化思维体现数字信任特征，数据要素思维和隐私保护思维体现科技向善特征，共享思维和社会化思维体现共享社会特征。

雄安新区采用区块链思维重新思考"数字化"，建立覆盖城市全域的区块链网络，与其他新兴数字技术相融合，横向联通公共和私有数据，增强数据质量，提升数据流通效率，保护数据隐私，促进业务流程优化，在打造数字生产力的同时，重塑数字生产关系，构筑数字文明发展的基石。

二、技术突破：核心技术自主创新

区块链尚处于发展初期，雄安新区借助数字城市建设契机，有机会在这个新兴领域走在技术最前沿、占据创新制高点。面对数字城市建设过程中各应用联盟链业务种类多、性能差异大、多链互通难、数据隐私保护难等挑战，雄安新区设计了可作为城市基础设施的城域区块链技术体系，它也是雄安新区实践验证可行的技术体系。主要设计了"分层多链"的总体架构，其具备良好的性能、应用兼容性与可管控能力；采用松耦合的技术栈方式，构建适用不同场景需求的应用链服务能力。在功能、性能和安全等方面完成关键技术突破，构建了城域区块链新型技术体系，是区块链技术自主创新的成功范例。

雄安新区的城域区块链可以支撑不同业务场景高效建设应用

链，通过核心链实现跨链互通、互操作，支持区块链系统的水平扩展，具有更大的业务吞吐量和操作灵活性。城域区块链配备了功能完备的运营管理平台，使得区块链系统的管理者和使用者可以方便地开展建链、用链、跨链、管链等业务；城域区块链提供了链上数字身份鉴别、物联网链网协同、上/下行数据交换等功能扩展模块，为数字城市更多场景应用的开发与接入提供了基础支持。

三、应用实践：与数字城市融合发展

将区块链按城市基础设施的要求建设和部署，使得用链像用电和用水一样便捷，既能支撑单独的区块链应用场景，更能够融合多个区块链应用以实现城域范围的数据联动。

在服务数字政府建设方面，雄安新区率先基于城域区块链基础设施，在惠企服务、住房管理、项目审批、资金管理等多个政府核心业务领域开展应用实践，推进跨部门、跨层级、跨业务系统数据融合，实现数据共享，重构业务流程，提升协同效率，将数字政府建设向纵深推进。

在促进数字经济发展方面，雄安新区基于城域区块链基础设施建设了产业互联网、供应链金融、数字贸易等场景，构建企业自主的数据账户，实现"还数于企"；通过政策激励和数据资产价值兑现，实现政企数据的有效融合；建立了数据提供方、使用方、服务方、监管方参与的数据要素服务生态，实现产业数据的安全共享、可信流通和创新应用，全面释放数据要素价值。

在保障数字城市安全方面，雄安新区建立基于城域区块链基础设施的数字身份系统，人、物、机构均享有唯一且自主的数据账户。以数字身份为抓手，雄安新区融合网络安全技术、物联网技术等，对城市全域各类数据进行确权、授权，并对数据的存储、共享进行综合保障，实现身份自主、数据自主和算法自主，使数据作为生产要素得到全周期的保护。

区块链作为城市新型基础设施登上了城市建设的舞台，我们已经深刻体会到其对城市发展的推动力。区块链既能有效服务实体经济，又能促进核心关键技术的进步，同时还能推动相关制度体系的革新，它将给人类社会带来多大的影响，目前还是一个未知数。雄安新区在城市建设史上首次实现了"数字城市"和"物理城市"齐头并进建设，如果不是置身于这场进行中的、最宏大的数字智能城市建设实践中，很难体会到区块链的价值，很难体会到区块链服务实体经济的巨大潜力和对社会各方面的深刻影响。我们怀有深切的希望，也坚信区块链在数字城市建设中的影响力毫不亚于当年的移动互联网。当然，我们也深知，城域区块链服务数字城市要真正成功还有漫长的道路。

在此，我们将雄安的区块链创新经验奉献给各位读者，请大家批评指正，共同思考如何深入发挥区块链潜能，以支撑数字智能城市的建设与发展。

目录 CONTENTS

第1章 城域区块链与雄安探索

1.1 数字城市建设对区块链的需求日益显现 / 003

1.2 适配数字城市的区块链技术和治理模式 / 008

1.3 雄安城域区块链实践出真知 / 018

第2章 城域区块链技术体系

2.1 区块链服务数字城市面临的技术挑战 / 032

2.2 城域区块链的设计思路 / 034

2.3 "分层多链"系统结构 / 036

2.4 "五层两域"技术体系 / 039

2.5 "松耦合"软件架构 / 042

2.6 系统组成 / 045

2.7 关键技术 / 050

第 3 章　城域区块链基础设施基本架构

3.1　区块链是基础设施吗 / 059

3.2　城域区块链基础设施构成要素 / 070

3.3　城域区块链的组织与管理 / 074

3.4　城域区块链标准化 / 078

第 4 章　城域区块链与数字政府

4.1　"区块链 + 政务"是数字政府深入推进的必经之路 / 085

4.2　区块链 + 惠企服务 / 093

4.3　区块链 + 项目审批 / 097

4.4　区块链 + 财政评审 / 101

4.5　区块链 + 财政资金监管 / 104

4.6　区块链 + 住房管理 / 108

第 5 章　城域区块链与数字经济

5.1　以"区块链 + 场景"推动数字经济持续发展 / 115

5.2　区块链 + 产业：产业互联网 / 123

5.3　区块链 + 金融：金融科技服务实体经济 / 127

5.4　区块链 + 跨境贸易：打造跨境电商生态圈 / 134

5.5　区块链+碳资产：开启绿色发展新模式 / 137

5.6　区块链+数字人民币：助商惠民新举措 / 140

5.7　区块链建立产业生态推进数字产业化 / 144

第6章　城域区块链与数字城市安全

6.1　数字城市安全新特点和新挑战 / 150

6.2　城域区块链保障数据安全可信流动 / 152

6.3　城域区块链助力实现数据自主和隐私保护 / 155

6.4　城域区块链构建可信数字身份 / 157

6.5　构建更安全的城域区块链基础设施 / 160

第7章　区块链构筑数字文明基石

7.1　数字文明时代正在到来 / 170

7.2　对区块链的再思考和再认识 / 177

7.3　区块链未来十年的蓝图 / 191

后记 / 199

第1章

城域区块链与雄安探索

2018年4月,中共中央、国务院批复的《河北雄安新区规划纲要》明确要求围绕数字智能城市建设超前布局区块链等技术研发及试验,从建设伊始就给雄安新区植入了区块链的基因。按照中央前瞻性的部署,雄安新区结合城市建设大胆设想,谨慎探索,在居民征迁安置、建设资金管理、项目审批管理、产业数字化转型等领域创新性应用区块链,取得了显著效果,积累了宝贵经验。2019年10月,中共中央政治局就区块链技术发展现状和趋势进行集体学习,强调区块链技术的集成应用在新的技术革新和产业变革中起着重要作用,要推动区块链和实体经济深度融合、探索数字经济模式创新、探索"区块链+"在民生领域和新型智慧城市建设中的运用。这坚定了雄安新区在区块链服务实体经济这条路上不断探索的信心和勇气,开始了区块链大规模场景应用的实践。在实践中,我们深刻认识到区块链在数字城市中的基础设施属性,提出了城域区块链的概念,真正打开了区块链发展的新天地。我们沿着这个方向不断脚踏实地前行,在理论提升、自主技术、规模应用方面持续取得突破,初步形成了一整套区块链基础设施的建设、管理、应用体系,深化了对城域区块链服务实体经济规律的认识。

本章首先概述了数字城市的演进过程及其与区块链技术的关系,指出区块链技术在数字城市建设中不可或缺的地位。通过介绍公有链和联盟链的发展历程,比较二者在满足数字城市建设需求时的优势和不足,创造性地提出区块链的一种新形态,即城域区块链。在此基础上,详细介绍雄安新区结合数字城市建设对城域区块链的探索历程，展示在这宏大实践中的各种尝试、交锋、挫折和启迪，多维度阐述城域区块链作为数字城市基础设施的概念和逻辑框架。

1.1
数字城市建设对区块链的需求日益显现

城市治理中有各种各样的数据生产者和使用者，相互之间的数据汇聚与交换对于城市的运行至关重要，数字城市本质上就是由数据驱动运行的。随着数字城市依赖更多的数据提高智能化运行水平，由于能为数据的可信流转提供更低成本、更高效的解决方案，区块链正在成为数字城市必不可少的支撑技术。

1.1.1 城市的智慧化演进持续加快

"城市"这一概念自原始社会末期兴起，是人类文明的标志。在人类文明史上，城市一直担任着文明坐标的角色。自从人类开始从丛林向村庄、从村庄向城镇迁移，城市的规模越来越大，容纳的人口越来越多，文明的程度也越来越高。人类文明的发展很大程度上是以城市为核心的。

城市经过几千年的发展与演变，始终围绕人、资源、信息等核心要素展开。城市是国家地区经济发展的重心，是人口的聚集地，是人类活动的汇集地。从原始社会的部落，到古代城市，再到现代城市，人口和资源的集中给城市化带来了强大的发展动能，但同时也出现了城市资源紧张与浪费及环境破坏等问题，而便捷、高效、宜居越来越成为现代城市生活的新要求。2008年左右，"数字城市"概念被提出，并且作为现代化城市运行和治理的新模式和新理念，迅速得到全世界的广泛关注和认同。

数字城市是由一套映射实体城市外在和内在机理的数字化系统组成的，它将经过验证的、科学的城市业务逻辑、规则、流程转变为智能模式，与城市决策者、执行者、生产者、服务者、居民实现最佳的"人机协作"，从而发现和洞察城市宏观与微观状况，自动或半自动适配智能策略，主动调配城市资源、知识、流程、管理与服务动能，对城市主体需求做出最佳响应，驱动城市在人居幸福、经济循环高效、空间环境优美、安全可持续等运行指标上达到高级状态。

数字城市大量使用数字技术以提高城市资源配置和服务的水平，能够显著提高城市居民及政府、企业和社会组织等主体在城市中的"舒适度"，激发其创造性。最重要的也最根本的是，应用这些技术可以极大程度降低城市运行成本，提高城市运行效率，提升城市安全水平。数字城市的内容十分宽泛，涉及诸多领域，包括数字民生、数字生态、数字社会、数字经济、数字政府等。目前，从参与城市建设和发展的主体及其行为来看，数字城市的主要特征体现在以下3个方面。

1. 社会组织智能化

各类机构组织通过三化融合（即数字化、网络化、智能化）在功能和结构上普遍实现智能化，如智慧医院、智慧学校、数字政府、智慧家庭等。这些智能化的机构和组织形态，构成数字社会的细胞。

2. 社会运行智能化

在三化融合的框架下，整个社会系统运行智能化水平大幅提升，如智慧出行、智慧教育、智慧医疗、智能制造、智慧生活等。这些领域越来越从线下活动转变为线上活动，大量人力劳动被程序代码所替代，具有一定的自组织、自运行特点。

3. 社会成员智能化

一方面，智慧社会当中的个人越来越主动、快速适应智能化的系统和设备。例如，智能手机的快速普及、信息消费的快速增长，正说明社会成员自身的主动智能化水平在不断提升。另一方面，参与城市运行的人本身正在逐步智能化。例如，广泛应用数字身份等技术以后，视频、位置、行为等数据被广泛收集，大数据分析无处不在，每一个社会成员都在一定程度上被智能化了。

总体来说，数字城市是数字化、网络化、智能化深度融合的社会形态。这种深度融合集中表现为"五高"，即高度被感知的社会、高度互联互通的社会、高度精准计算的社会、高度公开透明的社会和高度自主运行的社会。支撑数字城市运行需要在数字化基础上实现全域感知，在网络化基础上实现万物互联，在智能化基础上实现自主调度。近年来,人们对数字城市的期望越来越高,使用先进技术有效治理城市的需求比以往任何时候都更加强烈。数字城市必须吸纳新思维、新技术,不断将最新数字技术以适宜的方式应用于城市治理中,以做出更好的决策,提高城市运行水平。

1.1.2 区块链正在成为数字城市重要的技术支撑

数字城市由数据驱动,围绕数据的生产、采集、分析、运营和赋能,实现综合决策的科学化、及时化、精细化,进而提升城市运行效率与安全性。要成为真正的数字城市,必须有一种类似公共基础设施的东西来支持数据的收集和提取、集成和综合决策分析。然而,将所有数据关联方聚集在一起是一项相当艰巨的任务。区块链作为集分布式计算、密码学、大数据于一体的综合性技术,正在为城市数据的汇聚共享与可信流通提供更低成本、更高效率的解决方案,为数字城市建设中的"疑难杂症"提供全新的解决思路。

区块链是一个基于块链逻辑结构的系统,数据一旦在系统中发布,就难以被篡改和删除。在城市治理领域,这项技术的变革潜力是巨大的。中国信通院在《区块链赋能新型智慧城市白皮书(2019年)》中提到,区块链对改善数字城市运营环境的优势主要表现在以下5个方面。

1. 促进数据整合共享

数字城市已进入数据驱动的统筹推进期,结合区块链技术,可打破部门间的数据"烟囱"和"壁垒",加快完善跨区域、跨部门、跨层级的数据共享交换机制,促进城市数据资源整合汇聚,建立常态化数据协同治理机制。

2. 惠民服务公平可及

新型数字城市建设更加注重以人为本,区块链技术为提高惠民服务的便捷性提供了新手段与解决方案。落实区块链生态场景建设工作有助于全面布局普惠民生,区块链技术在教育、就业、养老、精准脱贫、医疗健康、商品防伪、食品安全、公益、社会救助等领域的广泛应用,可以为人民群众提供更加智能、便捷、优质的公共服务。

3. 精准治理整体协同

城市治理精细化、精准化的实现,越来越依赖城市数据质量、共享效率、安全能力等方面的支撑。区块链技术有助于促进政府部门之间达成共识,高效协作,优化城市治理方式,还可以在深化群众导向、打造共享共建平台、构建多中心治理结构的同时,提供精准化、服务化、个性化、定制化的治理服务。

4. 数字经济创新发展

数据是数字经济的核心生产要素,以区块链为代表的技术解决方案可实现数据确权、流通与可靠交易,促进数据要素价值的持续释放。区块链将会推动互联网的应用形态从现有模式转变为一个新的数字空间。当前的互联网只能实现信息的传递，而以区块链技术为核心能真正实现"价值的流转"，这种价值的流转也成为数字经济发展的基础。

5. 城市文明水平提升

区块链使政府部门和公众之间、人与人之间的数字互动成为可能，实现跨距离互联城市群体，打造更科学、更可持续发展的未来数字城市，城市文明水平进一步提升。

出于区块链是数字城市重要支撑的共识，全球范围内越来越多的城市尝试推动区块链技术在数字城市中的应用。韩国有"区块链首尔城"，瑞士有"加密谷"楚格，爱沙尼亚和圣马力诺等国家也在纷纷构筑自身的区块链体系。迪拜则计划投资30亿美元，希望成为世界上第一个完全由区块链驱动的城市。使用区块链技术解决数字城市建设、发展问题，重点在于选择什么样的区块链系统。

1.2
适配数字城市的区块链技术和治理模式

由于数字城市建设对数字信任与数据协同的巨大需求，人们寄希望于区块链能够为满足这类需求提供新方案，多种区块链应用尝试层出不穷，如公有链、联盟链（Consortium Blockchain）。

这些尝试和探索带来了新思路、新方案，也确实解决了一些现实问题。但是伴随着数字城市建设的推进，新的需求不断涌现，人们逐渐意识到，无论是最初的公有链，还是后来的联盟链，都难以支撑数字城市这样一个综合、复杂的系统。雄安新区在不断探索区块链服务数字城市建设的过程中积累了实实在在的经验教训，逐渐认识到区块链技术创新与应用创新必须符合数字城市建设全局和运行特点，并能满足数字城市未来"生长"涌现的新需求。

1.2.1　公有链横空出世引起关注

1. 区块链鼻祖：比特币

2008年8月，中本聪在互联网上发表了《比特币：一种点对点的电子现金系统》(*Bitcoin: A Peer-to-Peer Electronic Cash System*)，宣告比特币的诞生。2021年11月，比特币单价一度超过60000美元，"总市值"超过1万亿美元，用户数量突破2.21亿。虽然针对比特币的争议始终未曾断绝，但有一个共识是，比特币实践催生了区块链技术，区块链为比特币的运行提供了基础支撑。

区块链是脱胎于比特币的底层技术。在学术框架下，"区块链"被定义为基于分布式系统和密码学等交叉学科而形成的概念与技术的集合，是一种网络信任技术（Networked Trust Technologies）。从宏观视角来看，区块链系统采用多中心的分布式部署方式和工作机制；从微观视角来看，每个中心的数据记录及与之关联的执行代码或脚本（Script）逻辑上存储在区块（Block）中，这些区块又按逻辑顺序串联起来构成链条（Chain），应用哈希算法、数字签名等密码学技术保证数据的真实性、时序性和完整性。

比特币催生了区块链技术，在比特币之后，区块链技术开启了其自主的进化之路。正如《技术的本质[1]》所说：技术是组合进化的，之前的技术形式会被作为现在原创技术的组分。当代的新技术将成为建构更新的技术的可能的组分（构件）。反过来，其中的部分技术将继续变成那些尚未实现的新技术的可能的构件。

2. 可编程进化：以太坊

在比特币诞生之后，区块链技术最重要的进化，就是组合进来了可编程的智能合约技术。以太坊（Ethereum）是由 Vitalik Buterin 和 Gavin Wood 创建并开发的支持较完备智能合约的多中心化区块链开源平台，支持各种多中心应用的开发。智能合约的概念于1995年由 Nick Szabo 首次提出，并被以太坊首次成功应用于区块链系统。与比特币的单一虚拟币种相比，以太坊支持链上用户发行自己的虚拟资产和虚拟货币，并利用智能合约——一种以信息化方式传播、自动验证和自动执行的计算机代码段，它允许在没有第三方的情况下，基于原有约定进行可信交易，这些交易可追踪且不可逆转——进一步提高了区块链体系应用场景的灵活性。简单来说，以太坊就是一个开源的、能让大家自由开发智能合约的区块链公共平台，其中，智能合约的作用是提供比传统合约更安全、更高效的执行方案，即由计算机按事先约定的不可篡

---

1 [美]布莱恩·阿瑟，浙江人民出版社，2014

改的电子记录的承诺自动地执行，由此保证约定能够按时、正确地自动执行，并降低与合约相关的其他交易成本。比特币的区块链技术是静态数据的可信保证，也是以太坊动态执行过程的可信保障，这使事件的执行过程得到保证。

以太坊是目前公有链领域最具有生命力的项目之一，被全球范围内成千上万的"物理节点"或"云节点"运行着，形成共同保证事务按预先约定执行的"世界计算机"。在其基础上衍生出许多相关应用，它的新理念和新思维方式得到区块链创业者和极客圈大量用户的支持，越来越多的开发者和投资者参与其中。

目前对公有链的普遍认识是，它一方面是分布式多中心化系统的最原始表达，任何人都可以自由加入/退出，权力平等，没有超级管理员，全程匿名交易，为建立共享、信任、公平的数字"大同世界"提供新思路；另一方面，公有链对隐私保护不足，其计算范式是高能耗的，而且具有高度乌托邦化的技术特点，使避匿监管的无序非法行为对其趋之若鹜，这些为区块链技术带来持续的争议。

1.2.2 联盟链结合实际场景快速发展

1. 联盟链致力于建立局部信任

在一个有序的社会环境中，维护合法交易和服务的网络环境是必需的。作为一个多技术体系的组合，区块链在为人们带来巨大创新灵感的同时，也不断昭示其原生架构的性能和治理边界。

如何去伪存真、去粗取精，在充分挖掘和利用区块链优势的同时消除短板和规避风险，是监管部门、研究机构及从业人员共同关注的问题。理想的区块链系统，需要具有更安全、更可扩展、更强隐私保护和身份认证的能力，并且可治理、可监管、可感知、可防控，以支撑更灵活、更多样的场景应用需求。为此，人们提出了只有通过许可才能准入的"许可链"系统，即"联盟链"的概念。

联盟链在技术架构上部分沿用公有链的架构，但在节点选择上，只接受限定范围的节点直接连入，这些主体节点之间遵循共同的协议规则，组成区块链系统，进而形成一个超越原有信任关系、实现相互信任的多中心化系统。因为不用消耗大量的资源来保证系统的安全，所以联盟链可扩展出更多、更完善的功能。联盟链在一定程度上弱化了区块链的"分布式"特点，采用有限多中心的方式实现数据层面的共识，既能保障区块链的安全可靠，又能满足现阶段更多复杂应用的需求。

2. 联盟链应用场景的层次演进

随着国内各类扶持和利好政策的出台，各类区块链企业如雨后春笋般层出不穷。有些企业出于探索的目的，开始将区块链用于自身业务系统的改造，但因为没有找到真正的价值点，所以起初其大多被作为分布式数据库使用，只有存储之功，而无增信之能。在此基础上，部分涉及数据存证、司法存证、食品溯源等应用场景的企业，幸运地挖掘到区块链的增信价值，实现了价值变现。目前，联盟链最广泛、最深入地用于供应链金融领域。应用方充分利用区块链优势，确保应收账款和仓单票据的真实可信，使其成为企业增信的工具，并结合智能合约功能，实现供应链贷款自动清算，在满足企业贷款需求的同时，增加金融机构的收益和业务量。

另有一些在单个机构内部采用区块链技术的应用场景，被称为"专有链"（Private Chain）。专有链分布式账本是在组织内部的，虽然专有链具有传统信息系统的"中心化"特征，但其技术架构与联盟链是相同的，同样广泛采用分布式账本（分布在不同的部门或子公司）、智能合约、密码算法等区块链技术，可以建立局域性的多维度数据交互架构，提高数据协同的效率和品质。因此，从应用逻辑上看，这些应用和产品仍然属于区块链的创新应用。

总体来说，联盟链在探索中发展，已经走出最初的迷茫，区块链的技术优势得以逐步发挥。随着各类区块链应用的落地和持续运营，应用数据在不断积累。同时，得益于物联网等技术的发展，原来散落在现实世界中的大量数据被收集起来，其中一部分也进入区块链网络中，成为链上数据甚至链上资产。这些数据资产的汇聚与交互，必将释放出远大于原场景维度的、不可估量的经济和社会价值。这时，新的问题产生了：由于早期技术标准、接口标准不统一，各联盟链之间的数据和操作交互较为困难；同时，由于联盟链结构的限制，节点的增多会导致性能明显下降，构建一张容纳全社会、全行业、全场景的巨型联盟链网络是不现实的。这些问题导致新维度上的"信息孤链"，即多数区块链的应用局限于某些主体的特定场景，链与链之间的交互和打通既缺少自顶向下的统一规划，又缺少自底向上的技术支撑。

1.2.3 城域区块链应运而生

1. 数字城市需求对区块链提出新挑战

在数字城市建设和运行过程中，城市数据不断积累，成为国民经济和社会发展的重要战略资源。城市数据（包括公共数据和城市各类主体的数据）如何符合相关法律要求，安全规范地采集、存储、使用、共享、流通，涉及城市主体之间的信任机制和协作机制。在这个方向的探索过程中，集中管理、隐私脱敏、受控访问、数据加密等安全技术手段不断出现并被应用，但仍无法彻底解决数据是否真实可信，以及数据的权属与收益问题。区块链技术的出现和成熟，为城市数据创造更大价值找到一条可行的解决路径。区块链因具有被普遍认可的信任与协同机制，能够建立成熟数字主体之间的数字信任，还在身份认证、金融服务、公共服务、资源利用和社会治理等细分领域中发挥着巨大的数据协同作用，这些都是数字城市必备的重要功能。将区块链技术优势与数字城市建设相融合，既是数字城市发展的客观需要，又是区块链技术自我证明的难得机遇。

在公有链诞生的早期，其脱胎于比特币的价值逻辑和组织形态被持续抽离、固化，基于公有链的场景生态蓬勃发展，但公有链系统的瓶颈显而易见：一方面，公有链系统需要消耗大量的资源以满足海量用户的安全使用需求，这使得公有链系统不可避免地出现处理速度慢、功能丰富程度低、扩展性差等问题；另一方面，公有链系统的匿名性直接限制了其在实体经济活动中的应用，对社会经济运行秩序带来冲击。因此，将公有链应用于城市级规模，实现更为复杂的功能或治理目标是不现实的。

联盟链通过许可准入的方式实现对区块链接入主体的安全监管，从而限制接入内部主体数量，且主体接入基本以行业应用为界限，在效率、处理事务性能和安全监管等方面比公有链具有明显的优势。虽然联盟链共识技术的可插拔性在一定程度上解决了两个联盟链之间对接联通的问题，但如果系统规模扩大或对接链条数量增加产生巨大的熵增效应，任何一个新联盟链的接入，都会带来指数级的新增工作量。

2. 城域区块链理念被提出

面对数字城市这一复杂综合应用领域时，公有链和联盟链都无法完全直接胜任，数字城市对区块链技术的安全性、可扩展性、可兼容性、互联互通性提出了更高的要求，同时对于区块链治理也需要进一步观察和思考。因此，数字城市的建设，以至于未来数字文明的发展，都迫切需要一种系统性的、可扩展的区块链技术框架，以及一种更有效、更易协调、更受欢迎的区块链治理方式。

新兴技术的降临往往是突发性的，常常会带来短时间的困扰，但技术无分好坏，需要理性地看待，在实践中努力引导技术应用到"善"的领域。面对数字城市建设和运行的需要，雄安新区经过一段时期的探索，提出"城域区块链"的概念：以促进数字城市建设、发展数字经济为目标，发挥城市可以动员相对充足资源的优势，基于高安全、高性能、可扩展的区块链技术建设有弹性的新型基础设施，在城市建设、经济发展与社会治理的数字化转型中普遍应用区块链，实现城市内各数字主体的数据确权、数据增信与数据赋能，并具有城际的联通能力。根据这一概念，雄安新区组织多方力量设计了一种多层级、可扩展的新型区块链体系架构，因为这一体系架构是服务于城市的，是城市级的区块链创新应用，故称之为"城域区块链"，其架构如图1-1所示。

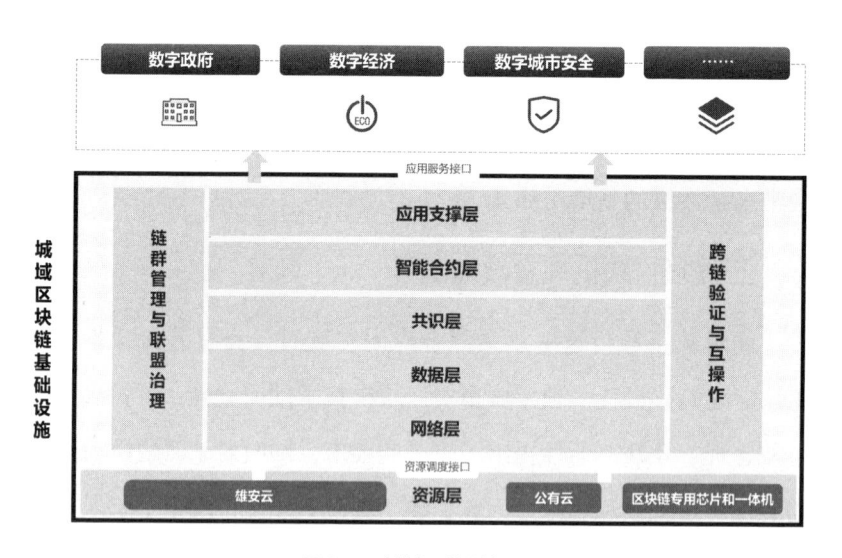

图1-1 城域区块链架构

3. 城域区块链是公有链和联盟链之外的一种新型区块链形态

区块链天然具备的支撑数字城市建设的优势，不是从其诞生时就被发现的。区块链诞生时和早期只用于"虚拟币"，并不服务于数字城市，更不服务于实体经济。城域区块链体系的形成是这些年技术和应用探索的结果，也是区块链技术不断发展的产物。它解决了公有链和联盟链无法解决的问题，打通了数字城市生态壁垒。

城域区块链定位是构建"城市级"可信技术基础设施，这与联盟链的专用属性有根本的不同。城域区块链的使命任务在于服务数字城市建设、运营、治理和民生，它承载着城市管理域范围内的可信数据，是支撑未来城市数字化、网络化、智能化融合的一种新技术基础设施。如同高速公路为各种社会生产生活提供交通支持一样，城域区块链作为城市数字基础设施，与数字城市的复杂系统相融合，可以实现数据融合互通与链上治理等功能，为城市各种生产生活提供数据信任支持。形象地说，城域区块链是将应用链内部建立起来的信任关系，以城市为边界扩大开来，形成广域信任，即采用分层的形式联通以城市为单位的局部信任域，实现广域范围的数据共享、信任、公平，所以它是局部信任通往"数据天下大同"的桥梁。

城域区块链可以理解为联盟链在安全性、兼容性、灵活性等方面整合升级的高阶状态，覆盖更为广阔的政治、经济、民生类场景，能构建更为复杂和多变的数据关联关系，可以在数据所有者与数据使用者之间建立更稳定和更具有可扩展性的权属关系，形成有效的授权和被授权权益关系。它以城市行政区域为约束边界、以某一城市内各类应用场景为应用空间、以城市智能基础设施及现有信息系统为数据触点，构建一个数据汇聚融合且有隐私保护的新型立体城市数据生态。从技术层面看，城域区块链是可扩展的区块链系统技术组织方案。从社会层面看，它是循序渐进的社会生活方式和组织管理方法，体现数字城市可延伸的进化过程。

需要注意的是，城域区块链的"城域"是一个相对的概念，它可以是一个市域，也可以是一个县域，还可以是一个市域加上几个县域，只要遵循共同的约定和准则，都可以成为一个域。数字化背景下的城域与地理行政域并不是一个严密对应的关系，城域区块链作为数字世界的基础设施能更大范围、更低成本地被部署和使用。

1.3 雄安城域区块链实践出真知

城域区块链体系的建立和完善不是闭门造车，更不是一蹴而就，而是通过雄安新区的大量实践逐渐成形的，同其他成功的变革技术从星星之火到全面普及的过程一样，城域区块链沿着单点示范、技术改进、扩大应用、标准规范的路径螺旋渐进，最终作为新型基础设施嵌入数字城市肌理中。2018年4月，中共中央、国务院批复的《河北雄安新区规划纲要》明确要求围绕数字智能城市建设，超前布局区块链、太赫兹等技术研发及试验。这可能是最早提及区块链技术的中央文件，由此拉开区块链技术在雄安新区最广泛创新应用的序幕，也可以说雄安从一开始就植入了区块链的基因。2019年10月，中共中央政治局就区块链技术发展现状和趋势进行集体学习，强调把区块链作为核心技术自主创新的重要突破口，加快推动区块链技术和产业创新发展。这进一步增强了雄安新区大力发展区块链的信心和勇气，雄安开始进行全方位、各环节、多领域的创新探索。在这场历时5年的区块链创新的宏大实践中，区块链技术在雄安不断迭代升级，"区块链+政务"的数字政府和"区块链+场景"的数字经济雏形初步显现，有关区块链的新理念、新模式、新业态不断涌现，一座用区块链驱动的城市在加速成形。

1.3.1 破局探索：区块链创新探索之初

雄安的区块链创新是从响应物理城市建设过程中的实际应用需求起步的。

2017年11月，雄安新区9号地块一区造林正式启动苗木栽植工作，"千年秀林"工程拉开大幕。千年秀林的每棵树都有自己的"数字身份证"，依托的是基于区块链的数字森林系统。应用区块链存证与溯源的能力，千年秀林的每一棵树在苗圃里育苗时就登记上链，完成从苗圃到种植、管护、成长的可追溯的全生命周期管理，实现对苗木质量、施工进度和工程质量的精准管控。截至2022年3月，雄安新区累计造林45.4万亩，植树2300余万株，森林覆盖率由最初的11%提高到32%。以这样"云养树"的方式，千年秀林在现实世界拔地而起，它的镜像数字森林也在线上茁壮成长。

2019年5月，为配合大规模征迁安置工作，雄安新区以征迁资金管理为切入点，搭建征迁资金管理区块链平台。该平台部署在涉及征迁工作的各级部门及智能终端，将征迁各环节、各节点信息实时上链存证，以智能合约保障资金穿透拨付，实现进展状态可查、全过程信息透明，确保各方资金按进度及时拨付到位，使征迁工作真正阳光透明，让群众共享新区发展成果。截至2022年年底，已通过平台拨付征迁资金近647亿元，惠及70000余户群众。

2020年1月，在中国人民银行给予雄安新区金融科技创新监管试点相关政策的支持下，雄安新区首个工程建设资金管理区块链系统上线，部署于财政部门、审计部门与银行、企业。利用区块链与智能合约，构建资金支付与监管链条，将资金及时、足额支付到建设单位、材料供应商账户与建设工人工资账户，有效避免资金截流、挪用、拖欠等问题，是实现"廉洁雄安"的创新实践。截至2022年3月，上链合同总数9000多份，覆盖企业4500家，管理总资金1800亿元，累计支付金额512亿元。其中，劳务工资拨付资金共计33亿元，惠及建设者40余万人次。该系统将智能合约的功能应用到实处，是真正完备的区块链系统，是区块链的强大功能在数字城市建设中的一次有效展现。

雄安新区在建设之初，对区块链的应用进行了创新和突破，这些开创性工作始终围绕服务城市建设和发展需要，积累丰富的经验和教训，聚集宝贵的人才资源，激发不竭的创新活力，打造完善的创新生态。

1.3.2 链网结构：启程自主创新之路

区块链从红墙朱门走向寻常百姓，在赋能产业革新和社会治理方面已日益显现出事半功倍的价值，但其核心技术的成熟度与各类新应用对它的期望相比，还有很大差距。雄安新区在早期的应用创新探索中，逐渐意识到因采用开源区块链底层系统而带来的诸多困扰无法通过等待其技术社区升级或主动打补丁解决，更存在技术授权的风险。而且，由于区块链底层技术系统的不可控，还会造成区块链应用的安全自主保障水平不够、技术和安全标准缺失、数据互通与共享受阻等短板现象，严重束缚区块链产业生态的建设。

为彻底解决这类问题，雄安新区于 2020 年 3 月正式成立雄安区块链实验室，首要任务就是研制自主可控的区块链底层系统，并部署成为城市级的数字基础设施。这标志着雄安区块链创新实践进入自主化、实质性的探索阶段。从切实保障数字城市建设的区块链应用合规和数据安全出发，雄安区块链实验室牵头建设自主可控的区块链底层系统，在吸收既有成果经验的基础上，设计具备"多链并存、跨链互通、分层运营、体系完善"特征的技术架构，并基于此开发了能面向特定应用场景，满足"柔性重组、即插即用、按需服务"的技术平台。以自主可控区块链底层系统为核心，又针对功能、性能和安全的增强进行关键技术突破，集成构建城域区块链技术体系。这些关键技术的研发任务均由全国优秀的区块链技术团队承担，实现区块链底层系统与关键技术共同研发、互相协同、相互促进、共同进步。

2020年12月，雄安自主可控区块链底层系统1.0版发布，这是雄安迈进区块链技术深水区的坚实一步。该系统除了具备区块链底层的基本功能，还在共识性能、链上/链下协同、隐私保护等方面有所增强，并具备同构/异构区块链跨链协同的能力。2021年7月，雄安新区城市级区块链底层系统通过中国信通院测评，全部指标满足评测标准要求，多项指标处于国际领先水平。

1.3.3　流程再造：打造新型智能应用

随着探索的深入，在自主可控的区块链底层系统加持下，雄安新区开始更大范围的区块链应用创新，逐渐从单点应用创新向全面应用创新迈步，大量互相协同的区块链应用系统被开发并初步形成城市链网，为数字城市和数字经济构建可靠的数据要素保障体系。

与其他地方的数字城市建设、智能应用开发不同的是，雄安新区原是一张白纸，新系统不走传统的信息化建设的老路，而从一开始便要求是区块链系统，并且充分结合雄安新区管委会大部制特点，将业务流程再造与区块链系统开发深度结合。雄安的区块链应用场景的创新有三大特点：一是"往深处想"，即深入剖析传统业务场景，寻找更深层次的管理需求和提升机会，不是"为了区块链而区块链",不是让两者的结合浮于表面、流于形式;二是"往高处看",在做好区块链基础应用、成熟落地的基础上,积极寻找区块链与移动通信、先进计算、物联网、网络安全等新技术的结合点,在更高层面、更多维度上发挥区块链的价值;三是"往稳处干",选定具体的业务场景后,在数据要素全生命周期管理的视角下,统筹规划相关系统的"建""通""用",稳健推进系统上线及业务落地,将评价指标落在应用的实际效果上而不是系统的建设完成上,从而进一步保障应用的设计深度、先进性及实际作用,发挥区块链技术推动业务流程重构的价值。

在数字政府领域,雄安新区先后推出工程建设资金支付管理区块链信息系统、惠企服务区块链系统、数字住房区块链系统等。2021年,雄安工程建设资金支付管理区块链信息系统分别与工商银行、建设银行、农业银行、中信银行、中国银行、上海浦东发展银行等开通区块链支付协议,可无缝对接企业现有账户体系,实现工程进度及合同透明管理、资金拨付穿透式管理、多银行系统直联等功能,是业务最复杂、功能最完整、变革最深刻的区块链应用系统,开创政府投资项目资金支付管理的新局面。同时,雄安新区项目审批区块链系统与财政投资评审区块链系统先后上线,在横向数据共享与政务数字化方面进一步深化,为项目建设与资产运营全周期管理提供有力的技术保障。2022年,雄安新区上线惠企服务区块链系统、数字住房区块链系统,这些系统充分考虑雄安新区政府部门大部制和扁平化管理的特点,对业务流程进行再造,优化组织结构和协同机制。至此,雄安新区"区块链+政务"的数字政府雏形初步形成，基本实现传统"互联网+政务"模式的升级改造，"区块链+政务"模式逐渐覆盖大部分的政府业务，尤其是实现复杂政府业务的数字化，为数字政府建设进一步深化探明前进方向。

在数字经济领域，在雄安新区管理委员会的统筹规划与指导下，雄安新区建设基于城域区块链的企业数据账户，并以此为核心推出产业互联网区块链系统、供应链金融区块链系统、碳资产管理区块链系统、跨境贸易服务区块链系统、数字人民币消费区块链系统等"区块链+场景"数字经济新业态，探索数据确权与数据要素化，为产业数字化和数字产业化积累创新性实践经验。

在数字城市信息安全和隐私保护方面，雄安新区从2020年7月首先建设基于区块链的新型数字身份体系，使城市运行过程中产生的数据"数有所属"，并以"还数于民"的原则实现"数尽其用"。2022年3月，雄安新区启动"数字身份+健康数据账户"建设，实现基于数字身份的健康医疗数据归档，以及授权流通的开放安全数据通道，这是雄安新区的区块链数字身份系统在医疗健康领域的拓展应用，其在有效提升个人数据隐私保护能力的同时，也促进了个人健康数据的共享使用。

雄安新区在区块链创新实践中发现，孤立的区块链应用个例虽能在某些方面让区块链作用得以体现，但是区块链的更大价值是将区块链应用贯穿于数字城市的各类系统中，以达成"乘数效应"。因此，区块链的创新必须是全面的立体创新，在数字城市建设与发展过程中，要普遍地采用区块链技术，形成"链网结构"，实现各种多源异构数据上链，真正实现数据汇聚融合，形成有效的城市大数据，这样才能最大程度发挥出区块链的真正价值。

1.3.4 标准体系：筑牢区块链网络基础底座

在底层平台和关键技术进行研发攻关的基础上，区块链的创新发展还需要相应的配套支撑体系，包括区块链标准、区块链安全与区块链监管制度等。按照国家发展改革委印发的《创造"雄安质量"，建设雄安标准体系实施方案》精神，结合城域区块链的建设需要，雄安新区成立专门的区块链技术标准工作组，制定区块链标准体系，并逐步出台若干区块链标准和规范，指导雄安区块链应用系统搭建；探索数据跨链互通的标准规范，确保同构和异构的区块链系统的安全高效互联互通。

2020年12月，在雄安新区管理委员会发布的首批数字城市建设标准成果中，《雄安新区区块链技术 数据协同规范》与《雄安新区区块链安全 区块链技术应用安全规范》两项区块链相关的基础性标准为智能合约间、跨链及链上链下的数据协同与安全操作提供方法和评测指引，用于指导数字政府、金融科技等区块链应用系统的规划建设，使雄安新区的区块链应用从起步阶段就纳入规范化、标准化轨道。

除了基础性标准规范的制定，雄安新区在一些重要应用领域也尝试制定相关的标准规范，以期指导、规范该领域相关的区块链创新应用。例如，工程建设资金支付区块链系统探索实施政府财政资金的穿透式支付,这是以智能合约为核心,通过业务流程触发形成支付指令,并对接银行支付网关实现资金支付的一种创新性应用。为适应实际操作中区块链支付的规模和范围不断扩大的情况,研究构建"区块链支付标准体系",包括参考模型及流程规范、银行接入规范、场景开发与接入规范、安全与隐私规范、数据服务规范、管理规范等内容,能够让政府、银行和企业各方规范接入区块链支付平台,促进"区块链+支付"模式的普及。

在推进区块链标准研究的同时,面对城域区块链技术在繁多应用场景中面临的多样性威胁,雄安新区建立模块化、标准化、可量化的安全检测平台,构建安全检测能力模型,建立攻防验证靶场,提升区块链应用在实际部署环境下的可持续性、抗干扰性、抗攻击性,为数据安全和用户隐私保护提供量化评估。高可适用性的区块链安全检测机制和平台,能为区块链应用的推广和落地设置安全阀门,为营造良好的网络空间环境提供可靠的安全过滤。

1.3.5 新型基建:区块链城市雏形初现

随着底层系统逐步成熟并不断集成新近突破的关键技术成果,以及大量应用场景的普及,雄安新区对区块链的认识逐渐深入并清晰,这就是区块链对于数字城市来说像电力、供水、燃气及算力基础设施一样具有公共性、公益性、基础性、集约性的特点。这个思考认识上的突破,打开了区块链发展的新空间。雄安新区不仅关注区块链技术的创新，更关注区块链如何按基础设施的规律去部署和运营，使之具备数字基础设施的要素、完善的组织和运营体系，以及支持统一建设、服务、管理的规则和标准。

从雄安新区实践经验来看，城域区块链基础设施要素可从管理控制和能力服务两个维度考虑。从管理控制维度来看，城域区块链基础设施有公共链网、治理与监管、跨链互通，以及连接不同区块链的网络服务要素。从能力服务维度来看，城域区块链技术协议栈中的资源设施层、网络层、数据层、共识层是构成城域区块链基础设施节点的必备要素。至此，城域区块链已经呈现不同于以往联盟链和公有链的发展轨迹。

雄安新区的城域区块链基础设施是在政府的统一规划指导下，纳入数字城市规划、数字经济规划，并按基础设施规律推动建设的，同时将运营组织、商业模式及技术工具相融合，形成符合市场规律的统一完整、行之有效的组织与运营机制。在政府指导推动下，由第三方机构建设、运营城域区块链基础设施，既能保证技术先进性与服务主动性，又能持续保障相关监管能力的正常施展。这种由第三方机构来统一运营维护城域链也是与联盟链不同的。

从数字城市基础设施建设和运营的角度来看，除了前文所述的技术标准，雄安新区还专门制定与建设、运营相关的制度规范。统一的标准规范能有序地建设城域区块链基础设施，也能使更多的智慧应用低成本、便捷地运用于区块链。通过集约化供给区块链服务，能低成本地使数据跨部门/系统汇聚、共享、流动，避免重复建设，在时间、人力与资金等方面都大幅节约，从而降低数字城市的整体建设成本。

经过实践验证，雄安新区的城域区块链基础设施展现有效汇聚融合数据、降低整体建设成本、推动社会组织创新等卓越的能力与优势。雄安新区各类基于城域区块链基础设施的智慧应用不断涌现，技术、业务与数据不断高效地跨域融合，以数据为关键要素的数字经济生态逐渐形成，城市运行水平不断提升，正在成为一座潜力无限的区块链城市。

小结

建设数字城市要面临数据孤岛、隐私保护、资产确权、路径认知等一系列绕不开的难题。雄安新区提出城域区块链理念与体系，在公有链、联盟链的基础上取精用宏、继承创新，特别是城域区块链作为数字城市基础设施认识上的突破，突破公有链与联盟链的发展瓶颈，打通城市数据空间，让城市数据在区块链总线上互通互联。

雄安新区的区块链创新是一个从实际应用中提取技术需求，又将技术成果应用到实际中去的螺旋递升过程。最初由应用探索引出自主可控底层平台与关键技术的创新，自主可控底层平台支撑更多的应用创新，再由应用创新反馈出新的技术需求，从而促使技术瞄准新需求继续前行。随着越来越多的区块链应用的涌现，将区块链能力集约化供给以压缩开发周期、节约建设成本、提高安全保障水平的需求逐渐突显，雄安新区由此开启了将区块链建设为城市新型基础设施的探索之路。可以说，雄安新区的区块链创新应用不是一蹴而就的，是数据存证、立体交互、隐私保护及业务流程再造这四个环节循环往复的创新过程；是始终围绕着区块链技术保障下的数据确权、数据增信、数据流通、数据赋能的创新实践。通过几年的探索，雄安新区已经构建起稳定的城域区块链基础设施，同时形成一个始于技术创新和应用创新的政产学研金产业生态。

2021年12月，雄安新区入选中央网信办等17部委组织的国家区块链创新应用试点城市，这是对雄安新区既往区块链创新成果的认可，也是对雄安新区的区块链创新提出的新要求、赋予的新使命。雄安新区将沿着建设数字城市基础设施的路径，不断突破与城域区块链基础设施运营相关的关键技术，拓展更加丰富的区块链应用，努力为雄安新区数字智能城市建设和发展提供更多范例和样板。

第 2 章

城域区块链技术体系

尽管区块链技术在过去的十多年里有了长足进步，联盟链在服务实体经济中基本上能满足行业应用的需要，但是，要使区块链作为一项新型基础设施部署来满足数字城市建设发展的需求，现有的技术是不够的。特别是针对数字城市应用场景和业务种类繁多、性能需求差异大、跨链互通、链上/链下业务协同、兼顾数据隐私保护和可审计、链群管理与治理更加复杂等新要求，需要在现有联盟链基础上进行技术突破。

本章重点介绍服务于数字城市的城域区块链技术体系，这是一个区块链新物种，不同于联盟链，也不同于公有链，而是雄安新区实践验证可行的技术体系。城域区块链有着"分层多链"的总体架构，具备良好的扩展性、弹性、兼容性与可管控能力；采用松耦合的技术栈方式，具有适用于不同场景应用需求的服务能力；在功能、性能和安全等方面的关键技术突破，让城域区块链的部署与应用更加便利、高效、可靠。

2.1
区块链服务数字城市面临的技术挑战

与联盟链主要服务单一领域或局部应用不同，城域区块链要服务整个城市，其服务的规模存在数量级的差异，涉及的数据多源异构，业务流程千差万别。总体来看，整个区块链服务数字城市的过程在业务种类、应用规模、系统形态、业务协同、安全隐私、管理治理等6个维度面临较大挑战。

1. 业务种类繁多

数字城市面临的应用场景和业务种类繁多，有的业务是数据密集型、有的是I/O密集型、有的是计算密集型，通用区块链（联盟链）无法很好地满足这些差异化要求，城域区块链架构必须具备足够的扩展性。

2. 性能需求差异大

数字城市的区块链应用既有低频用链场景，也有中频、高频用链场景，对区块链底层系统的性能要求差异大，城域区块链必须具备功能和性能的伸缩性。

3. 跨链互通

单条区块链不可能支撑城市级应用规模，因此城域区块链必将呈现多链并存的系统形态，为避免链与链之间形成数据孤岛，必然要满足跨链互通要求，还需要具备不同应用链之间的跨链管理能力。

4. 链上/链下业务协同

在数字城市中，传统信息系统与区块链系统协作提供服务，区块链系统要具备与传统信息系统的交互能力，包括外部系统输入上链，以及链上事件驱动外部信息系统操作等。

5. 兼顾数据隐私保护和可审计

对于个人数据、企业数据和政务数据，城域区块链应支持相应的隐私保护方案，实现链上数据的隐私保护，并且需要具备隐私保护条件下的监管审计能力。

6. 链群管理与治理更加复杂

数字城市包含数量众多的应用链，管理和服务对象包括多个联盟、多个组织、多个机构用户等，城域区块链需要满足单链管理、链群管理等多方面要求，要具备分层运营与治理能力。

2.2 城域区块链的设计思路

以支撑数字城市建设与发展为目标，城域区块链在技术上要具备"多链并存、跨链互通、分层运营、体系完善"的能力，能在同一框架下满足工程建设、数字金融、数字交易、公共服务等方面的差异化要求。在功能上，需要具备隔离性和可扩展性，具备"柔性重组、即插即用、按需服务"的应用支撑能力，满足多种类应用场景需求；在性能上，需要在高效共识算法、链上/链下协同、跨链互操作、链上数据隐私、智能合约安全等方面进行技术突破，开发相应软/硬件系统，集成构筑区块链自主可控技术体系；在使用上，城域区块链部署应更便捷，可满足业务、开发和监管等不同用户角色的建链、用链、跨链、管链要求。

城域区块链的研发是一项系统工程，在具体实践中，以松耦合、可插拔、模块化、向后兼容等技术融合为核心设计理念，逐步吸纳公有链、联盟链等底层技术的先进理论、方法，并以应用实践为驱动，推动城域区块链技术体系创新。基于此，城域区块链技术体系建设应遵循以下原则。

1. 整体性和一体化

遵循统一规划、统一标准和统一部署，按照统一的框架和协议进行集成，保障城域区块链整体服务效能发挥。

2. 开放性和共享性

体系设计要做到区块链之间必要的信息共享，区块链与物联网等应用系统之间互联、互通、互操作，保证跨链信息互通和区块链上/下行数据互动。

3. 先进性和前瞻性

在软件结构设计、功能与技术开发等方面，对标国内、外先进水平，保证整体功能和性能达到行业领先水平。

4. 安全性和隐私性

各环节充分重视系统安全和信息安全，严格按照国家安全等级保护要求开发，基础密码学库采用国密算法等，以规避安全角度的不可控因素；系统提供立体交叉、灵活配置的权限设置，防止各种形式和途径的非法入侵及信息泄漏；针对身份隐私、数据隐私，提供零知识证明、环签名、同态加密、多方安全计算等隐私保护方案，且满足可监管要求。

5. 扩展性和松耦合

采用模块化设计，将共识算法、底层数据库、密码学、证书管理、权限管理等功能模块化，通过定义清晰的服务接口实现模块间的松耦合，以获得整个系统良好的可迭代性；提供灵活的二次开发手段，可对业务和流程进行灵活配置调整，充分适应未来业务的发展变化。

6. 易用性和经济性

遵循界面友好、操作简单、性能稳定原则，在体现系统整体性的同时，注重系统建设的经济性。

2.3 "分层多链"系统结构

城域区块链采用"分层多链"系统架构，如图2-1所示。"分层"是指城域区块链分为核心链和应用链两个层次，"多链"是指系统能够容纳多条应用链并存，并且支持多条应用链接入核心链完成跨链，即"1+N"结构。若跟通信网络结构进行类比的话，应用链相当于通信网络中的"接入网"、核心链相当于"核心网"的概念。

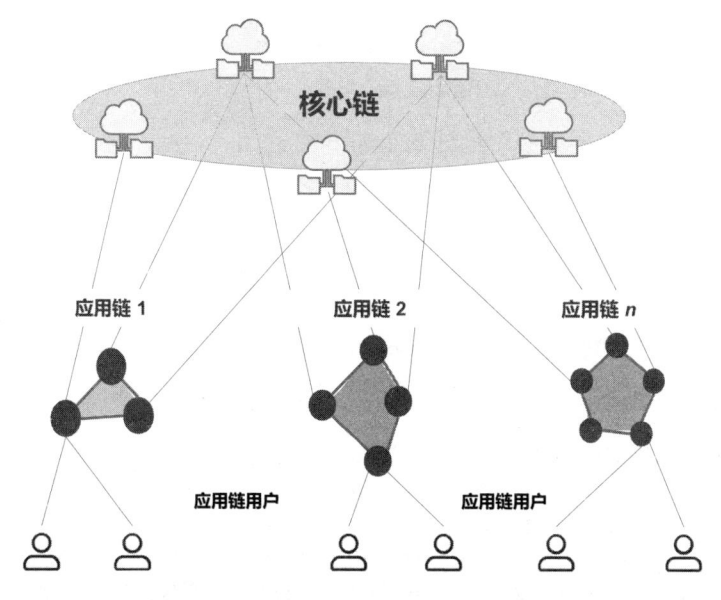

图2-1 城域区块链"分层多链"系统结构

应用链：应用链是一条具体的联盟链，由多方（多个机构或部门）针对某项业务或特定应用场景建立。应用链可以按照具体应用需求进行个性化定制（如共识算法、智能合约语言等）。每条应用链具备独立完整账本（保持数据隔离性），应用链与应用链之间相互隔离、不发生业务关系（跨链业务除外）。应用链具备独立的运营与治理能力，应用链内部的用户、应用链节点、智能合约部署、应用场景开发等由应用链的运营方管理。

核心链：核心链是一条具备特定功能的联盟链，由城市级区块链基础设施运营机构负责建设和运营。核心链连接了多条应用链，并负责完成应用链的注册与管理，负责应用链之上的全局共识，以及应用链之间安全的消息传递，完成应用链与应用链之间的跨链服务功能。核心链不存储应用链内部数据，只存储应用链管理维护、跨链交易等相关数据。

采用"分层多链"设计基于如下考虑。

1. 功能和性能扩展性考虑

城域区块链定位是城市级区块链基础设施，"城市级"系统业务量大，对区块链底层性能要求高。分层多链的设计能通过动态增加应用链的方式，实现对城域区块链服务能力的横向扩展，保证区块链基础设施整体服务能力的可用性和弹性。

2. 应用多样性考虑

城域区块链承载业务不仅多样化，且分属于不同的业务部门，这就要求应用链具备一定的可定制性。在不改变区块链底层功能稳定的前提下，对应用链实现按需构建，在同一个框架下最优程度地满足数字城市对城市建设、城市治理、数字金融、数字交易、公共服务等不同应用场景的要求。城域区块链既能满足不同应用链对功能、性能的差异化要求，又能保证不同业务之间的独立性和隔离性。

3. 可管可控性考虑

不同于公有链，城域区块链是服务于数字城市的新型基础设施，要求具备可控的管理和治理能力。通过"分层运营、分层自治"的设计实现权责明晰、各司其职；核心链由区块链基础设施运营机构管理，应用链由应用链运营机构自治管理；核心链管理主要负责多链管理，如应用链注册接入、跨链交易、系统升级等，应用链管理主要负责节点管理、用户管理、合约管理等。

此处城域区块链架构虽然只描述为双层架构，但是基于该结构可以级联，表现为多条核心链相互连接、每条核心链连接多条应用链的系统形态，以支持未来更大范围、更大规模的区块链网络互联互通。

2.4 "五层两域"技术体系

一个复杂的信息化系统的技术体系通常采用逻辑分层分块的方式，城域区块链同样采用这种方式，按照"五层两域"设计，如图2-2所示。五层是指网络层、数据/存储层、共识层、智能合约层、应用支撑层，两域是指治理监管域和跨链互通域。其中，两域是城域区块链针对数字城市要求在传统区块链逻辑分层上新增的功能域，以支持不同区块链之间的数据共享、跨链管理等要求。

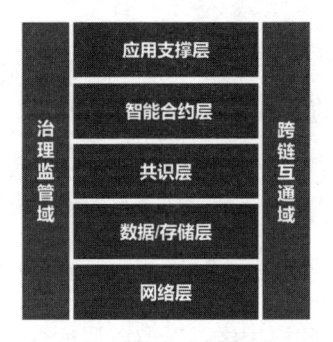

图2-2 城域区块链"五层两域"技术体系

网络层主要通过P2P技术实现分布式环境下组网机制、节点发现、消息传递、数据传输、区块数据同步等功能；

数据/存储层负责区块结构、交易结构的定义和存储方式的实现；

共识层主要负责在分布式环境下多方对区块数据的有效性、一致性达成共识，完成区块链数据的更新与确认，常用的共识算法包括拜占庭容错（BFT）、可信容错（Raft）、权益证明（PoS）、权威证明（PoA）等；

智能合约层是区块链可编程的环境，负责按照指令顺序执行程序逻辑，智能合约是存储在区块链中一段不可篡改的程序，可以自动化执行一些预先定义好的规则和条款；

应用支撑层是为上层应用调用区块链功能提供技术支撑的模块集合，包括物联网链网协同功能、区块链上/下行可信数据交换功能、链上多维度数字身份鉴别功能等；

跨链互通域负责实现不同区块链之间数据共享和业务协同，包括跨链管理、跨链交易确认与验证、跨链网关、跨链协议等功能；

治理监管域是区块链基础设施运营管理与运维监控的基础，通过"以链治链"的方式，对区块链基础设施进行治理与监管，覆盖链上管理、运维、监控等环节，包括区块链管理、节点管理、成员管理和合约管理等。

在实际应用中，城域区块链技术体系在以上"五层两域"的基础上还增设资源层和应用层，城域区块链技术体系如图2-3所示。

第 2 章 | 城域区块链技术体系

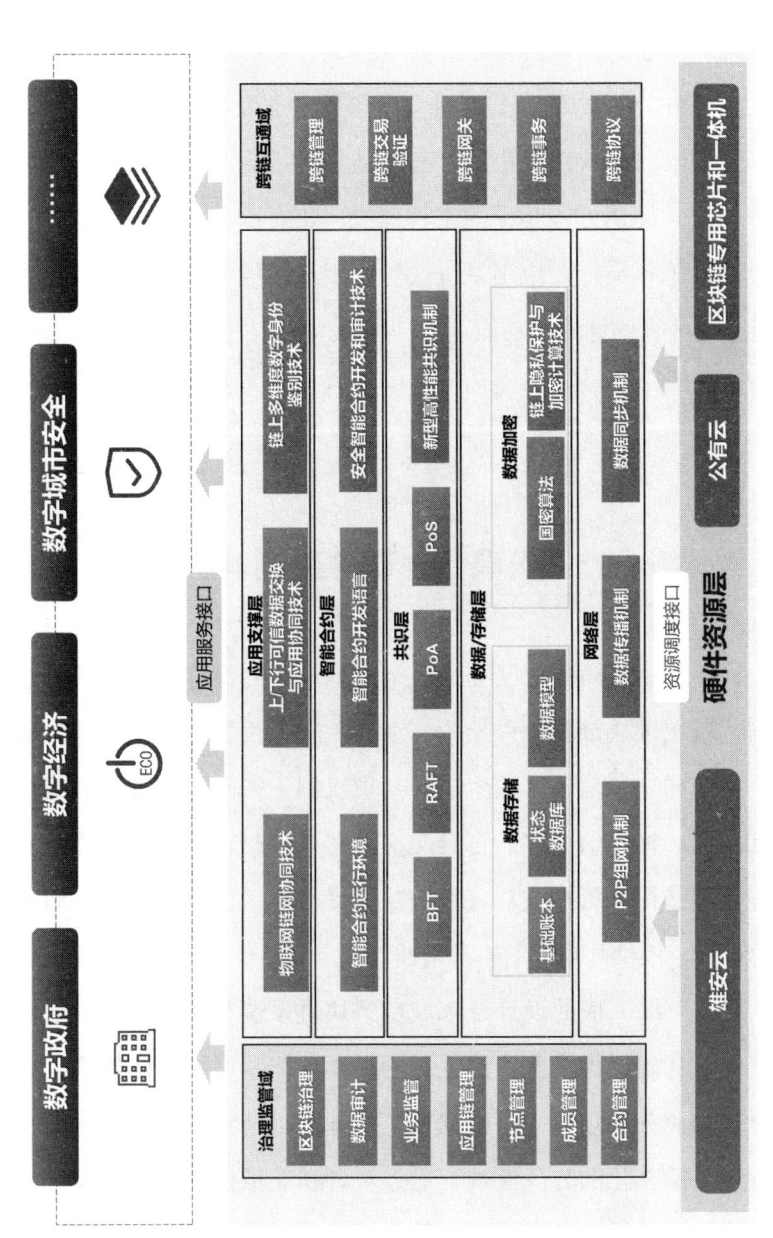

图 2-3 城域区块链技术体系

其中，资源层为区块链提供计算、存储、网络资源的可靠运行环境，主要由诸如"雄安云"、独立部署服务器及针对高安全性、高隐私性场景的区块链专用芯片和一体机构成。应用支撑层作为区块链的实际使用方，其中的工程建设、惠企服务、供应链金融、资金监管等各类行业应用系统通过调用区块链服务接口完成数据上链、智能合约计算等功能。

2.5 "松耦合"软件架构

软件分层与插件化已经是复杂信息系统的设计与实现的普遍原则，城域区块链在软件架构"纵向"上采用层次化的设计，将区块链的网络通信、区块生成、共识机制、密码组件等功能域作为基础层，将合约引擎、自定义交易、权限验证、治理、跨链通信等功能域作为可插拔层。每个功能域都在"横向"上采用插件化的设计，提供开箱即用的常用插件，定义插件模板与开发规则。

通过一纵一横的设计带来城域区块链系统整体架构的"松耦合"性，基础层提供区块链运行的必要功能，可插拔层带来区块链系统的业务处理能力。根据系统业务需求，将各层内的各个功能域通过插件化的方式实现，通过对各功能域插件的选择即可快速构建区块链节点。同时，插件是可独立开发的程序模块，支持快速的自定义开发，可被删除和替换，从而实现根据业务要求个性化、定制化开发区块链系统，而且插件化的架构能够提高软件开发的并行性和开发效率，降低设计开发难度，缩短开发周期，增强应用程序的可运行性、可测试性和可维护性。城域区块链松耦合软件架构如图2-4所示，城域区块链底层插件化技术选型如表2-1所示。

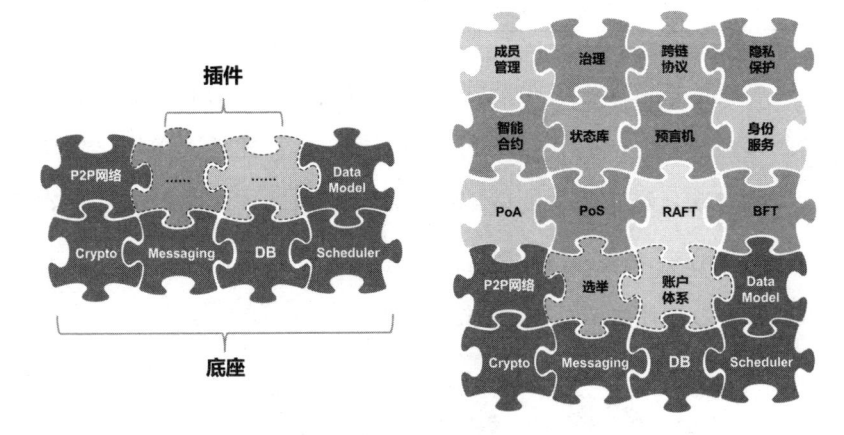

图2-4 城域区块链松耦合软件架构

表2-1 城域区块链底层插件化技术选型

	区块链节点技术栈	技术选型
底座	P2P网络	Libp2p、Gossip、TLS；
	Crypto	国密算法（SM2、SM3、SM4）；
	Messaging	RocketMQ、RabbitMQ、Kafka、Protobuf；
	DB	LevelDB、CouchDB、RocksDB、MongoDB；
	Data Model	Block、DAG、Tx；
	Scheduler	NTP、LTP；

续表

区块链节点技术栈		技术选型
插件	共识算法	BFT、Raft、PoS、PoA;
	智能合约执行环境	WASM-VM、Docker、EVM;
	状态库	UTXO、MPT、MVCC K/V;
	隐私保护	同态加密、零知识证明、环签名、MPC;
	跨链协议	XCMP、IBC、IBTP;
	预言机	Oracle、Off-Chain Worker;
	成员、身份、角色	EID、DID、X509;

城域区块链通过对跨链管理插件的选择构建出核心链和应用链的多链体系，同时根据不同业务需求，通过插件选择与定制开发，构建满足特定需求的应用链。不同应用链之间通过跨链网关连接到核心链，通过核心链完成应用链之间的跨链互操作，基于可插拔特性构建多链结构如图2-5所示。

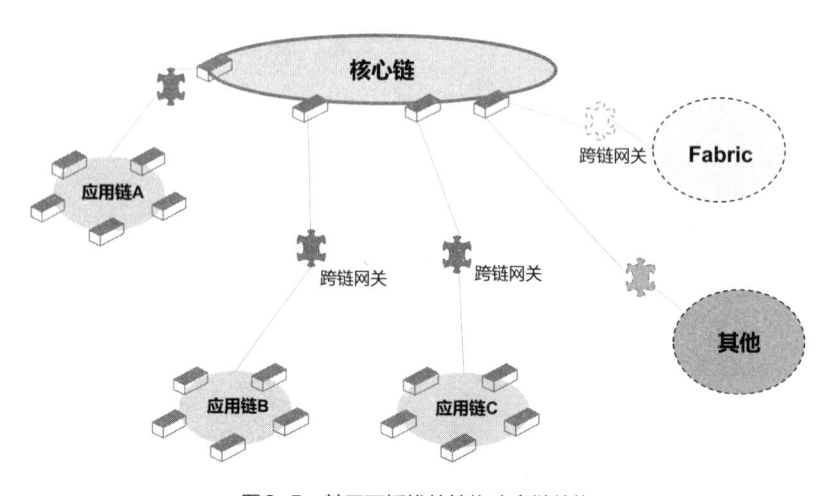

图2-5 基于可插拔特性构建多链结构

2.6 系统组成

城域区块链底层系统是由多个子系统组成的复杂系统，主要包括可插拔开发框架、共识系统、账本与存储系统、节点通信协议、智能合约系统、密码学算法、账户与权限管理系统、应用支撑系统、应用链节点软件、核心链节点软件、区块链服务平台11个子系统模块，城域区块链底层系统组成如图2-6所示。

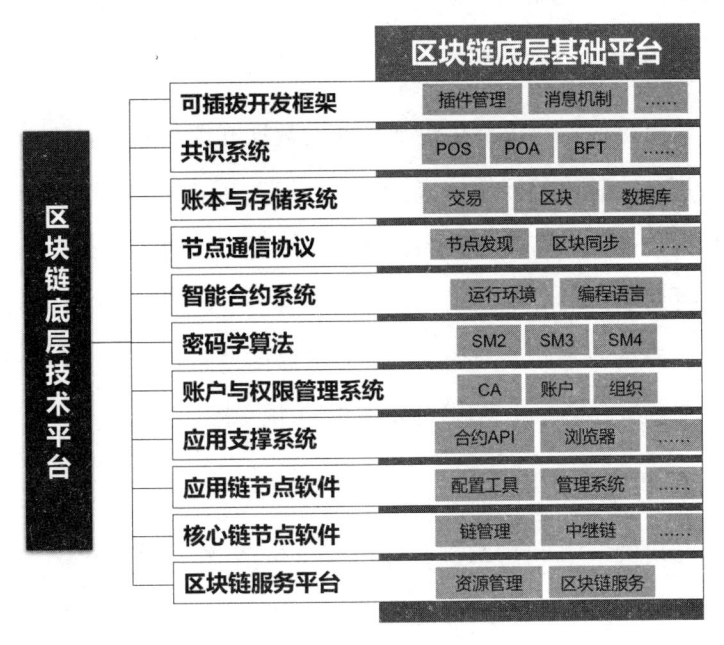

图2-6 城域区块链底层系统组成

1. 可插拔开发框架

使区块链具备个性化定制能力，各应用场景可以根据自身需求定制应用链，支持关键模块插件化或微服务化的模式，应用链运营机构可根据个性化需要选择插拔自己需要的模块和组件。

2. 共识系统

共识算法是区块链系统的核心，直接影响区块链系统的吞吐率。在雄安区块链底层系统设计可插拔的共识算法模块机制，提供区块链主流共识算法，包括但不限于拜占庭容错（BFT）、可信容错（Raft）、权益证明（PoS）、权威证明（PoA），逐步增加新兴的共识算法，满足不同联盟链应用场景的共识效率需求。

3. 账本与存储系统

为上层业务需求提供更加快速的数据支撑和业务服务，满足复杂度越来越高的区块链应用场景需求。针对账本数据存储需求提供高性能、高扩展的底层存储，支持可插拔的多重底层存储引擎，针对不同的应用场景，构建用户自主可控的区块链异构数据存储，提供在不同业务场景下对海量数据存储和高速检索的支持与非关系型数据库和关系数据库的持久化支持。

4. 节点通信协议

区块链节点利用基础传输协议（包括TCP、HTTP/HTTPS、TLS、WS、gRPC等），实现分布式环境下联盟链节点组网机制、节点发现、消息传递、数据传输、区块数据同步等功能。节点之间的通信能根据节点的公钥、私钥或证书等身份信息鉴权,支持节点之间、客户端与节点之间的消息加密传输。

5. 智能合约系统

将 Rust、Golang、C/C++、Java 等高级语言编译为 WASM 字节码,通过 WASM 执行引擎运行。提供全合约的全生命周期管理,包括合约部署、合约更新、合约调用、合约清单、合约检查、合约销毁等,提供合约的管理、读/写权限,结合账户、成员管理等模块实现合约的细粒度访问控制。同时通过合约执行过程中的读/写集依赖关系,构建合约交易拓扑图,实现合约的并行执行。

6. 密码学算法

支持国密算法的对称加密、非对称加密、哈希算法、数字签名算法、数字证书等,支持国密的 HTTPS,支持交易和账本的数据完整性验证、身份验证、数据加密等功能,针对系统底层软件和各语言 SDK 的多语言算法支持。

7. 账户与权限管理系统

包括身份注册、身份核实、账户管理、凭证生命周期管理、身份鉴别、节点标识管理、身份更新和撤销等,以支持区块链用户身份鉴别和访问控制。账户模型基于两类实现,一是类似公有链体系的针对公钥、私钥来实现账户的建模,二是基于密码学中证书模块用户 ID 和 OU 全局命名空间来建模,通过统一的 CA 中心来进行用户证书的颁发与管理。多层级组织、多角色的联盟链组织成员管理与权限控制方法，包括组织、组织成员、成员角色的创建、更新和撤销，网络管理员的治理投票，以及各类角色成员的操作权限访问控制等。权限系统主要针对三类控制：一是账户权限，通过组织层级和管理员、普通用户、节点等角色信息对权限进行约定，规定哪类账户可以管理权限的分配；二是交易权限，可以实现各模块应用链交易的权限判断；三是智能合约的权限，实现智能合约从部署、调用、升级等各个环节的权限管理。

8. 应用支撑系统

应用支撑系统是在区块链底层基础架构之上、为上层应用提供技术支撑的模块集合，它起到承上启下、连接上层应用和区块链底层的作用。应用支撑系统面向底层能接入适配核心链节点、应用链节点、各类链用户等，实现上层应用与区块链之间的交互；面向应用层，需要提供统一的接入规范和接口，隐藏底层区块链的接口复杂性和多样性，提供统一、简单、可视、规范的接口调用、应用接入、合约部署、合约调用等功能。应用支撑系统构建多语言支持的SDK工具，支持组装交易、交易签名、发送交易、查询交易、查询区块、合约管理与调用、区块监听、交易监听、合约监听、用户组织管理、权限配置等；构建区块链浏览器，展示区块链系统状态、节点拓扑，实现区块、交易的可视化等。

9. 应用链节点软件

应用链节点软件和动态配置系统能按需集成一条符合自身业务需求的业务链。可通过实施节点的配置管理功能生成、读取和改动链与节点的配置文件，实现共识算法的选择与参数配置、网络配置、节点发现策略、创世块（Genesis Block）配置、账户模式配置、权限策略配置等；节点部署功能支持独立启动模式与容器启动模式，提供响应的命令行工具与镜像管理仓库，并提供差异化的应用链节点软件代码管理工具、持续集成工具和部署脚本等。

10. 核心链节点软件

实现对应用链的治理、共享安全保证及应用链之间的消息传递。其中，应用链管理功能实现应用链生命周期管理、应用链信息管理，维护各类应用链的类型、ID、版本、验证规则、验证人等信息；跨链管理功能实现跨链交易验证，通过部署交易验证引擎，根据跨链来源的应用链注册相关信息及跨链交易信息等，对交易的真实性和有效性进行验证；跨链事务功能保证跨链交易的最终一致性，当发生网络故障、业务执行失败等异常情况时，可实现执行交易状态的检查与重试；跨链权限管理功能，根据目的链的交易权限配置对跨链交易的来源链身份进行权限校验；配置跨链治理功能，当核心链节点或应用链加入或退出区块链网络时可进行提案和投票管理。

11. 区域链服务平台

提供区块链部署、应用开发、实时监控、弹性伸缩的整套解决方案，实现一键发链、按需部署与管控，快速完成应用系统接入，降低用户对区块链底层技术的获取成本，助力企业及开发者快速、低成本构建区块链应用。

2.7 关键技术

针对现有区块链技术在高性能、可扩展、安全隐私、跨链、管控、便捷服务等方面仍存在的不足，城域区块链在底层系统通用功能的基础上，在功能、性能和安全增强方面进行关键技术的突破。

2.7.1 安全增强技术

安全增强分别从智能合约安全、密码学增强、应用支撑、硬件运行环境等方面，开发安全智能合约设计与审计系统、链上数据隐私保护系统、数字身份鉴别系统和区块链可信一体机系统等功能。

1. 安全智能合约设计和审计

为保障智能合约的安全性，不但要为开发者提供安全编码的开发环境，还必须提升现有安全检测和验证工具的能力，只有实现高效率、高可靠性的自动化安全审计，才能全面提升智能合约开发和安全审计的效率和质量。安全智能合约开发和审计旨在构建安全开发与安全审计为一体的系统，实现智能合约代码编译、编辑和调试，实现智能合约漏洞的自动化检测和定位，实现智能合约的安全性和功能的形式化验证。

2. 链上数据隐私保护

传统的区块链系统（如 Bitcoin、Ethereum 等）以明文发布交易信息，使得链上数据对所有人开放，任何人都可以读取数据，链上所有记录都可通过链式结构追溯本源。这种方式导致链上交易数据的机密性难以得到保护，而且通过公钥地址和身份信息的不可链接性保留的伪匿名性非常脆弱。城域区块链系统中的链上数据隐私保护则针对链上非可信的计算环境，融合国产密码标准体系，设计账户模型下隐私保护分布式交易通用设计方案，开发链上隐私保护算法与工具，提供链上数据机密性保护；并基于环签名、群签名等匿名技术，实现可追踪的大规模隐私身份管理。

3. 链上数字身份鉴别

多维数字身份将法定身份与数据体系高度融合，为跨链及跨链应用提供唯一数字身份标识体系，形成场景化可定制的区块链应用支撑，将身份验证、身份属性证明、个人知情同意与授权的治理能力内置于应用区块链中。其目标包括形成向自然人签发的网络空间唯一标识与身份证明，并为应用区块链账户与密钥管理建立适配于数字身份的规范；结合中心化法定身份的签发与多中心化身份属性证明，在用户授权下实现多链间的可信身份签发、管理与验证，同时支持应用区块链的规模化接入及可定制化身份证明。

4. 区块链可信一体机

针对区块链的快速部署和接入需求、数据隔离的安全需求及运行环境的自主可控需求，区块链可信一体机系统负责构建区块链可信执行环境，实现以可信一体机为载体的一站式节点创建、节点组网；构建融合可信硬件基础设施、可信操作系统及可信区块链软件的可信链体系，保障执行环境的全程可信化；通过区块链软/硬件一体化协同和适配技术，构建可信硬件基础设施、可信操作系统及可信区块链软件的紧耦合架构。

2.7.2 性能增强技术

性能增强技术主要从链上和链下两个方面协同提升区块链系统性能和吞吐量，包括高性能共识算法和链下扩容技术。

1. 高性能共识算法

针对现有共识系统吞吐量低下、交易确认时间长、应用场景受限等问题，城域区块链系统突破区块链在交易共识过程中的性能瓶颈，提高全网交易吞吐量，以拜占庭容错机制为基础，从门限签名、可验证随机函数、流水线处理技术和分片技术等方向出发，构建支持分片的高性能BFT共识算法。

2. 链下扩容技术

链下扩容技术是对区块链合约层和应用层进行调整，将合约与复杂计算放到链下，减少链上工作量以提升区块链系统性能的技术；链下扩容不改变区块链基本协议，是一种应用层上的扩展方案。链下扩容主要包括状态通道、侧链等解决方案。通过另外架设一层通道，在节点之间进行交易，数据计算都移到主链之外的链下进行，过程数据不上链，主链仅记录结果，减少每个区块的信息量，效率因节点网络性能改变而提升。信息仅在相关节点之间传播，不会进行全网广播，因此信息不公开可查，隐私性也更高。

2.7.3 功能增强技术

功能增强技术包括支持异构多链的跨链互操作、物联网链网协同、区块链上/下行可信数据交换和链上治理与穿透监管等。

1. 异构多链的跨链互操作

不同机构部署的区块链系统可能采用 HyperLedger Fabric 等已有区块链，也可采用自主研发的新型区块链，针对不同区块链信息共享和业务协同需求，构建新型跨链体系，实现应用链间的同构/异构跨链，实现区块链之间数据共享与业务协同。

2. 物联网链网协同

针对物联网与区块链技术融合需求，开发"物联网大数据+区块链"的高效存储结构及性能优化技术，满足海量数据的高并发存储与快速查询需求；通过将复杂计算移至链下和交易聚合等技术，实现区块链的性能扩充，同时满足系统安全性、可用性的要求。

3. 区块链上/下行可信数据交换

区块链预言机（Blockchain Predicting Machine，BPM）是上下行可信数据交换的通道，预言机本身必须可信，无作恶、无篡改数据等行为。通过开发分布式环境下的链上/链下数据交换的预言机技术、实现方法、数据安全、治理方法等，让区块链可以更加安全可信地与外部进行数据交互。

4. 链上治理与穿透监管

针对区块链核心委员会选举、提案表决、演进升级等治理需求，开发区块链链上治理智能合约与工具软件；针对隐私保护应用场景下的链上密文审计要求，开发区块链穿透监管算法与工具软件，为监管方提供友好并兼顾隐私保护的审计能力。

雄安城域区块链在底层系统和关键技术突破的基础上，按照整体技术框架进行集成，进而形成统一的城域区块链技术体系，城域区块链底层系统与关键技术集成如图2-7所示。区块链底层技术平台的模块属于共性、基础、通用功能，能力增强系统中的模块则提升整个体系的安全、功能及性能。

图2-7　城域区块链底层系统与关键技术集成

小结

雄安新区是构建在大规模数字化应用及多源异构数据深入协同之上的新型智能城市，雄安新区对区块链的应用需求不限于单一业务、单个应用，而是城市范围内全领域、多方位、综合性的，"城市"是区块链服务的主要对象。服务于加密数字资产的公有链以单一场景独立建设的联盟链及星火链网等通用的国家级区块链基础设施均无法满足，需要统筹考虑城市范围的链网集合，对聚焦面向数字城市的区块链基础设施开展研究。

城域区块链是雄安技术创新的成果，其内涵不仅是区块链底层系统软件，还包括城市管理域范围内的、服务于数字城市的已经运行和未来运行的所有区块链的集合，还包括对这些链网集合的统一运营管理、跨链调度和应用支撑。雄安城域区块链技术体系致力于构建数字城市基础设施，提供适用于多种业务需求的区块链底层服务，在保证底层软件可演进的基础上满足应用创新的需求。目前，雄安新区已经研制出拥有自主知识产权的底层基础软件与九个能力增强系统，且对接大量复杂的城市应用场景并成功上线使用，部署形成城域区块链基础设施，极大地促进城域范围的数据共享与业务融合。

第 3 章

城域区块链
基础设施基本架构

城市基础设施是城市建设、运行和发展必须具备的物理基础设施、社会性基础设施与技术性基础设施的总和，是城市顺利开展各种经济活动及其他社会活动的基本保障。传统的城市基础设施，如道路、给排水、能源、环卫、通信、防疫系统等，在规划布局、标准规范、建设施工、运营服务、监督管理等环节均已建立一整套行之有效的制度体系。随着近年数字城市的兴起，移动互联网、5G通信网络、工业互联网、数据中心等新型城市基础设施也在加快建设，大家对其基础设施特征和建设规律的认识正在不断深化。将区块链作为一种城市新型技术基础设施，在思想认识上尚未形成共识。雄安是这方面的先行者，正是雄安把自主研发的城域区块链作为基础设施部署到数字城市中，通过服务各领域智慧应用，支撑起整个城市数据便捷联通与安全共享，才极大地拓宽了区块链应用的空间，更大程度地释放区块链对数字城市的价值。

本章首先分析城域区块链作为新型城市基础设施所具有的属性及对数字城市建设的巨大推动力。然后，从管理控制维度和能力服务维度介绍城域区块链基础设施的组成要素。在此基础上，深入分析城域区块链不同于其他新型基础设施所特有的自组织性与自我约束性，介绍区块链基础设施的标准体系框架。特别要强调的是，作为数字城市基础设施，城域区块链的建设、运营必须加强政府的统筹规划、推动与监管，并充分激发市场主体参与感和能动性。

3.1 区块链是基础设施吗

我国政府高度重视新型基础设施建设（新基建）在新的技术革新和产业变革中的重要作用，区块链是其中一项重要内容。2020年4月20日，国家发展改革委在首次明确新基建的范围时提出，区块链属于新技术类基础设施。2021年6月，工业和信息化部、中央网信办发布《关于加快推动区块链技术应用和产业发展的指导意见》，提出构建基于标识解析的区块链基础设施，打造基于区块链技术的工业互联网新模式、新业态。中央文件把区块链作为基础设施是前瞻性的展望，要想令其成为现实还需要漫长的过程。区块链要成为新型基础设施仅有先进的区块链技术是不够的，还需要遵循基础设施的建设规律，使之具备基础设施的基本属性，构建完善的组织和运营体系，统一建设、服务、管理规则和标准，从而降低数字城市整体运行成本，为数字政府和数字经济增添新动能。

雄安新区遵循基础设施建设规律，在新区管理委员会的统筹规划、指导与推动下，按基础设施要求建设和部署城域区块链，构建核心链和应用链的分层管理架构，在较低成本下实现整个城市数据的汇聚融合和可信流动，进而推动城市管理部门的组织结构优化，真正发挥区块链作为基础设施的能力与优势。

3.1.1　区块链技术不等于区块链基础设施

区块链自产生至今有10余年的历史，这些年，区块链技术有了长足发展，在跨链互操作、可扩展性、高性能、隐私安全保护及可监管等技术领域都有所突破，但是区块链技术进步不代表能直接转化为区块链基础设施。这类似早期的发电技术诞生后并没有立刻形成广域的电力网络公共基础设施，而在相当长时间内的情况都是大大小小的发电厂林立，标准也不统一；网络技术也是出现之后很久才有互联网基础设施的。因此，区块链要成为基础设施，不仅需要区块链技术，更需要从规则标准、体制机制、运营模式等多层面进行统筹规划设计，从底层平台到上层应用形成统一的链网，促进区块链功能服务的统一供给、智能匹配、按需接入，使用链如同用水、用电一样便利。

实际上，区块链系统自诞生至其发展，都怀有作为某种基础设施的诉求。例如，以太坊区块链期望打造一种分布式计算的基础设施，然而，其封闭性决定其很难与外部世界兼容，并且因其缺乏支持监管的能力而难以广泛普及。从2017年开始，一些联盟链应用开始探索打造某个行业或者某个区域的基础设施，但由于链与链之间几乎无法交流，没有数据汇聚融合，它们也仅能当作某个细分领域的支撑技术层。显然，区块链要成为城市范围或更大区域的新型基础设施，必须打通"断头路"，支持更大规模的、更多样复杂的需求，使各种应用链都能接入基础设施，实现互联互通。我们在传统基建领域见到过这种工作，如全国的高速公路网、电力网络、互联网等都经历了较长时间的互联互通阶段，才形成统一的网络；也在其他新基建领域见过，如全国的充电桩网络、5G通信网络等都是先由地方和企业各自建设，再上升到国家或省级统筹规划和建设层面。

数字城市建设与发展过程中，很多信息技术设施如5G、物联网、算力都被当作基础设施进行建设并运营，这些基础设施为开发更丰富、更复杂的智慧应用提供集约化、便捷统一的底层支撑。按照这一普遍规律和原则，区块链建设和发展也是如此，必须将其建设为推动数据融合共享、可信流动的数字基础设施，既为更丰富的区块链应用提供基本功能与运管能力，又能实现链间数据互联互通、链上链下（外部世界）数据协同。

从雄安经验来看，区块链要成为数字城市的基础设施，除了能为各类区块链应用系统提供统一的技术支撑，还必须具备以下条件：一是统一规范的管理控制和能力服务；二是在政府的统筹规划、推动与监管之下建设运营，同时能吸引市场主体的参与；三是有配套的标准体系，包括建设、运用、管理各层面的规范标准等。经过几年的摸索，雄安新区已经搭建城域区块链基础设施的架构并将其融入数字智能城市的建设中了。

3.1.2 城域区块链的基础设施属性

数字基础设施主要是指基于新一代信息技术演化生成的基础设施，可以面向社会主体和公众提供集约化服务，其提供的服务在提升城市运行水平、改善社会生产效率方面具有巨大的溢出效应。数字基础设施普遍具有公共性与公益性、高效性与协同性、适用性与灵活性、先进性与整体性的特点。就城域区块链基础设施而言，主要体现在以下几个方面。

1. 公共性与公益性

数字城市丰富的数字化系统提出广泛的区块链应用需求，客观上需要一个功能完备、标准统一的区块链平台来支撑。这个平台不只为某个行业的智慧应用服务，而是为全社会提供集约化公共性服务，从而使全域的区块链应用有一个弹性的、灵活的环境，有利于构建丰富的区块链生态。

作为基础设施部署的城域区块链系统，将直接服务于各个领域的区块链应用系统，从而大幅降低区块链应用系统开发、运营、维护的成本，有利于区块链系统更好、更快地推广应用，同时具有很强的公益性。与单领域的区块链应用系统不同，政府推动部署的城域区块链更多关注长期的社会效益，而不以追求短期市场化盈利为目的。

2. 高效性与协同性

随着对区块链这种颠覆性技术的不断探索和研究，大家越来越认识到，与单中心、集中式的信息化系统相比，多中心、分布式的区块链系统带来的是一种新型协同思维与高效协同方式。这是因为区块链技术使用多元协同的互组织信任服务取代成本高昂的中间人信任服务，能在保持多中心的背景下解决更多实体经济中的协同问题。

同时，城域区块链通过搭建一个平台式的信任机制，把供应链三要素——物流、信息流、资金流更好地结合起来，打造一个全新的通用型供应链体系，使同一个平台承载不同主体的数据成为可能，从而实现不同系统之间数据的自由流动，支撑各类主体更加有效地协作。

3. 适用性与灵活性

城域区块链底层设计了灵活的架构，各种底层组件均支持可插拔、可替换，还包括共识协议等，它是一个高度模块化耦合的区块链系统，从而使城域区块链更有效地为不同用户和环境提供定制化服务，以适应特定的场景用例和信任模型。

同时，城域区块链系统设计了必要的平台功能管理工具及运营管理工具，为链上节点提供如区块链浏览器、区块链应用商店等功能及服务，使用户能更方便、更快捷地使用系统平台，同时提供多种运维服务，从而简化区块链的开发、部署及运维，降低区块链应用门槛，提高应用的灵活性。

4. 先进性与整体性

城域区块链是在公有链与联盟链技术基础上进行集成创新的产物，具有技术上的先进性；作为一种基础设施来部署，它更是一种首创，无论在规划、监管、标准，还是运营模式、管理体系等方面，城域区块链都需要整体研发设计，特别是要与算力、人工智能、物联网等数字化技术同步规划、同步设计、相互结合，其技术的先进性、复杂性是其他一般基础设施难以比拟的。同时，城域区块链通过接入各条应用链，可以实现城市运行、经济发展、社会治理等各领域数据的汇聚融合，从根本上避免数据孤岛问题，为城市发展提供强大数据生产要素支撑，具有鲜明的整体性和统一性特征。

3.1.3 城域区块链基础设施的能力与优势

城市数字化转型不是单纯的技术迭代，而是以数据的深度综合运用来推动城市物理形态、运行管理、公共服务、产业发展等全要素的数字化。区块链作为数字城市的重要基础设施，在部门/系统之间的数据共享与协作方面发挥着重要作用，通过跨部门、跨系统的业务数据的汇聚、融合，更好地服务于实体经济和社会治理。城域区块链在雄安新区的部署和应用实践，也的确按照期望的方向展现出卓越的能力与优势。

1. 使数据有效地汇聚融合

建设城域区块链基础设施，将各类区块链应用系统接入，构建区块链网络，通过多应用链的跨链互操作，低成本地实现数据跨部门/系统汇聚、融合，避免形成"数据孤链"。同时，通过数据的汇聚与交互提升数据的汇聚质量和价值密度，释放远大于数据原始场景维度的经济价值和社会价值。

2. 促进数据可信流动

要发挥数据的价值，就必须让数据流动起来，即首先实现数据确权，然后在有隐私保护的前提下，监督数据的使用者范围与使用边界。城域区块链基础设施实现了不同应用链系统的互联互通，并能有效保护数据的隐私安全，从而使数据能够可信流动，真正实现数据价值。

3. 形成统一的标准规范

城域区块链以基础设施方式部署，能有效促进标准体系的建立和升级，只有统一标准和规范才能有序建设城域区块链基础设施；同时，统一标准规范，可以降低区块链应用的门槛，推动区块链系统在各行业、各领域低成本推广，从而更快、更好地服务于数字城市建设与发展。

4. 降低整体建设成本

城域区块链以基础设施方式部署，能提供集约化的区块链能力服务，从而避免各应用系统重复开发和建设区块链底层系统，大幅节约了时间、人力与资金。同时，各应用系统按统一标准接入城域区块链基础设施，避免数据孤岛，使数据汇聚、融合、流动的成本大幅降低，从而降低数字城市的整体建设成本。

5. 推动社会组织模式的创新

区块链带来便利的数据融合、流通与共享，必将带来业务的跨系统、跨组织融合，政府部门原有的职责权限、业务流程、管理规则也将被重塑，由此可能推动整个社会组织结构的优化调整，形成一个更有利于数字城市发展的社会环境。

3.1.4　城域区块链与其他数字基础设施

数字基础设施是数字城市建设与发展的基石。数字基础设施是以数据创新应用为驱动、通信网络为基础、数据算力设施为核心的基础设施体系，主要涉及5G、云计算、人工智能、物联网、区块链等新一代信息通信技术，以及基于此类技术形成的各类数字平台。

雄安新区在数字城市建设架构及运行模式上超前布局，打造城市活动全域感知、数据融合共享、算力算法协同应用的数字基础设施框架，城域区块链与城市数字基础设施如图3-1所示。作为城市数字基础设施的一部分，城域区块链已经融入其中。

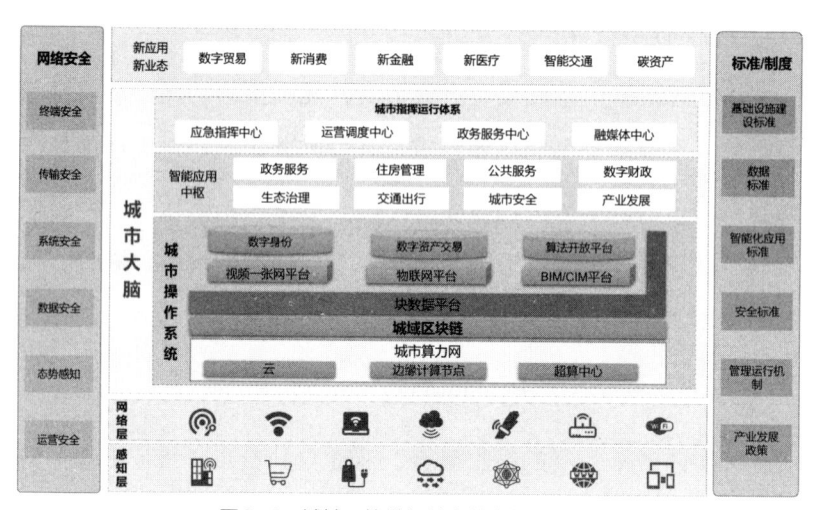

图3-1　城域区块链与城市数字基础设施

其中，城市算力网（中心）提供强大的数据计算和存储功能，构建"逻辑统一、物理分散"的架构，实现对云、边缘节点和超算系统能力的统一调度，形成边–云–超一体化的城市算力服务。CIM平台、物联网平台、视频一张网平台分别对城市建设基础信息、智能感知信息、视频监控信息全量采集汇聚；块数据平台为各类业务应用所产生的数据提供生长与汇聚环境，并完成统一编目治理，构建高效协同的新型数据服务模式，推动数据共享与互联互通成为常态。

在数字城市各类应用驱动下，数字基础设施技术体系正在面临重构，从"计算为中心"向"计算与数据协同应用发展"转型。在这样的趋势下，城域区块链要与其他数字基础设施协同运作，特别是要与提供算力服务和数据服务的基础设施不分彼此。

1. 城域区块链与城市算力网

城市算力网是随着云化网络技术演进到新阶段，通过将算力资源在云边端之间进行有效配置，实现算力的融合服务，促进算力与水、电一样"一点接入，即取即用"，让计算需求能够便捷地获得算力的支撑。简言之，城市算力网负责城市算力调度，解决算力孤岛的问题。城域区块链负责数据调度，解决数据孤岛的问题。

针对数字城市的不同应用场景会产生不同的数据计算需要，既有即时性的简单计算需求，也有涉及诸多模型的复杂计算需求，这就要求与此相匹配的算力网络来进行计算服务的调度，并且算力网络节点之间必须有能力开展可信的数据协同与审计。只有城域区块链与城市算力网共生相依，才能实现算力与数据的有效连接。

一方面，算力网络为城域区块链的分布式数据协同需求提供分布式的计算、传输、存储和安全服务。在这个层面，可以将城域区块链基础设施看作建立在算力网络（相当于分布式的IaaS）之上的分布式计算网络（分布式的PaaS）。从区块链服务的需求端来看，政府数字化转型与产业数字化加速对区块链服务的"量"（海量大规模）的要求不断提升，同时专门的应用场景对区块链服务的"质"（安全、性能）提出更多的要求。为了满足这些需求，除了城域区块链基础设施自身的技术能力，借助算力基础设施网络的能力也是一个高效率、低成本的实现途径，城域区块链基础设施网络借助算力基础设施网络采取的物理上的分布式扩张，扩大了服务能力（包括计算性能、安全保障、服务规模等），因而拥有了高扩展、高性能、高安全、高可用等基础设施应有的能力。

另一方面，城域区块链的数据协同服务能够强化算力网络的感知、调度、连接等服务能力。城域区块链本身就是服务于分布式数据的联通和融合，在算力网络调度的各个云计算中心的计算状态本身也是数据，这些数据可以通过城域区块链为其提供真实可信的共享，进而通过智能合约发出相关指令，使算力网络在调度算力时能够有实时、真实的决策依据。同时，算力网络中的使用、计价都需要有相互认同的规则和数据支撑，城域区块链通过多中心的架构，能轻巧地为算力网络提供审计、监督等服务。所以，融合了城域区块链的算力网络能更便捷、更有效地实现各算力节点的业务协同。

2. 城域区块链与数字身份

数字身份是个人或企业在网络空间的唯一标识与主体身份证明，建立了物理世界与网络空间的身份标识映射关联体系，能将法定身份与数据权属体系进行深度融合。

对个人而言，人们可以不必为记忆各种繁杂的应用账户和密码而烦恼，通过使用经过认证的数字身份即可向用户提供更加安全、更为充分的隐私保护，并且可以将该数字身份应用于各类业务中。对企业而言，应用数字身份便于将数据变为企业资产，提高企业的创新能力，更好地保护企业知识产权和企业机密。对于政府等监管部门，应用数字身份可以提供便利安全的电子政务服务，以更加高效、透明和精准的方式向公民履行政府职能。

数字身份是物理空间身份在数字空间的法定表达，解决了数字空间可信身份认证问题。城域区块链是数据确权的工具，解决了"谁的数据""给谁用"等问题。城域区块链与数字身份相结合，在数字空间提供身份标识的同时，可将身份验证、身份属性证明、个人知情同意、授权的治理能力内置于应用区块链中，构建适配数据要素流通价值链实现体系。

数字身份与城域区块链相结合，可实现数字空间身份治理与数据治理高度融合，构建"以身份保护数据安全，以数据丰富身份验证"的良性循环，使城市运行过程中产生的数据"数有所属"，并以"还数于民""还数于企"的原则实现"数尽其用"。以数字身份与各数据源的交互构成"身份+数据"双重安全的数据治理体系，做到"数据真实则身份安全，身份安全则数据可控"。数字身份结合城域区块链作为数字城市基础设施，将过去以部门为核心的数据治理转变成以数据主体为核心的治理，充分符合现行数据法律法规中对数据各项权责的要求，形成一种全新的数据治理理念与趋势。

3.2 城域区块链基础设施构成要素

经过5年多的探索与实践，雄安城域区块链应用的范围和领域不断扩大，对其基础设施构成要素的认识也逐渐清晰。

具体而言，城域区块链基础设施要素可从管理控制和能力服务两个维度进行划分，如图3-2所示。从管理控制维度来看，城域区块链基础设施主要包括公共链网、治理与监管、跨链互操作及连接不同应用区块链的网络服务要素。从能力服务维度来看，城域区块链技术协议栈中的硬件资源层、网络层、数据/存储层、共识层是构成城域区块链基础设施节点的必备要素。总体来看，城域区块链作为一种基础设施，要做到运行规则可控、节点网络可控、链上数据内容可控，并且能够稳定运行，让企业、用户权益得到有效保护。

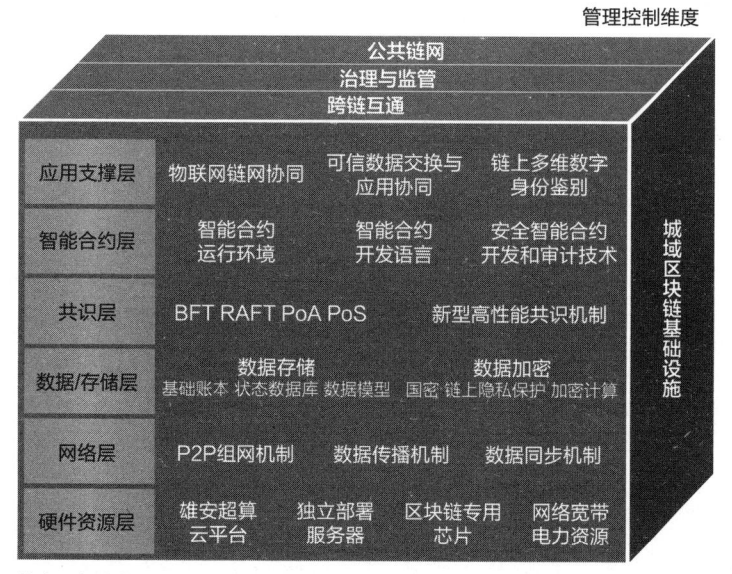

第 3 章 | 城域区块链基础设施基本架构

图 3-2 城域区块链基础设施要素

（管理控制维度：公共链网、治理与监管、跨链互通）

（能力服务维度）

应用支撑层	物联网链网协同　可信数据交换与应用协同　链上多维数字身份鉴别
智能合约层	智能合约运行环境　智能合约开发语言　安全智能合约开发和审计技术
共识层	BFT RAFT PoA PoS　新型高性能共识机制
数据/存储层	数据存储（基础账本 状态数据库 数据模型）　数据加密（国密 链上隐私保护 加密计算）
网络层	P2P组网机制　数据传播机制　数据同步机制
硬件资源层	雄安超算云平台　独立部署服务器　区块链专用芯片　网络宽带电力资源

3.2.1　管理控制维度的基础设施构成要素

管理控制维度的基础设施构成要素包括公共链网、治理与监管和跨链互操作。城域区块链基础设施与互联网呈现相似的发展路径：互联网的主体是公共网络，城域区块链是公共链网；城域区块链与互联网都需要严谨的治理与监管；互联网作为信息传递的载体由局域网逐渐发展为广域网，而区块链作为信任传递的载体由独立的链逐渐发展为跨链互通的形态。

城域区块链基础设施中的公共链网，主要由存储账本、共识协议、服务接口、算力和接入能力组成。存储账本采用多点记账，负责存储事务的交易记录，相比传统账本数据库具有可追溯、多方校验、难以篡改的特点，支持本地存储和云存储两种模式。共识协议能防止节点篡改数据，保证多个主体之间数据的一致性。接入能力负责链下业务与区块链公共链网之间的适配。服务接口能力为上层用户提供灵活的接入方式，提高应用便利程度。

城域区块链的治理与监管能力是城域区块链基础设施运营管理与运维监控的基础，运用区块链思维的治理理念，通过"以链治链"的方式，对区块链基础设施进行治理与监管，覆盖链上管理、运营、运维、监控等多个环节，包括区块链治理、数据审计、业务监管、节点管理、成员管理和合约管理等功能模块。

城域区块链的跨链互操作能力主要由价值跨链能力、数据跨链能力、业务跨链能力支持，可实现不同区块链之间数据共享和业务协同，包括跨链管理平台、跨链交易确认与验证、跨链网关、跨链协议等功能。跨链系统是城域区块链基础设施的重要部件，保障跨链信任的延伸，价值跨链实现不同数字资产之间的交易和兑换，数据跨链实现不同链之间数据互通和信息可信共享，业务跨链实现业务逻辑的互联、业务范围的互补。

3.2.2 能力服务维度的基础设施构成要素

从能力服务来看，硬件资源层、网络层、数据/存储层、共识层是构成区块链基础设施节点的必备要素，是支持上层应用开发和运行的基础。作为基础设施，城域区块链的能力服务要素必须具有强大的兼容性与可扩展性，通过不断创新提高区块链功能、性能与安全，从而更好地支撑上层应用。

硬件资源层的核心要素是网络、存储、计算和电力，为城域区块链基础设施稳定运行提供计算、存储、网络资源的可靠运行环境。该层主要由城市云、独立部署服务器及针对高安全性、高隐私性场景的区块链专用芯片和一体机构成，一般可由传统的基础设施和信息基础设施服务商提供服务。

网络层的核心任务是完成区块链网络中节点之间的数据通信。网络层主要通过P2P网络技术实现分布式环境下组网机制、节点发现、消息传递、数据传输、区块数据同步等功能，维护区块链网络的多中心化。

数据/存储层描述了区块链相关的数据传输格式、存储结构及数据加密使用方式。其核心要素是账户结构、块链结构和数据存储，主要功能是为数据的真实性和有效性提供保障。账户结构用于描述事务发起者和相关方的数据结构；块链结构是指按照时间顺序将数据区块以哈希嵌套的方式顺序相连组合成一种数据结构来保证区块链数据难以篡改；数据存储通常采用读写高效的NoSQL数据库与SQL数据库相结合的方式，用明文或密文存储区块链基础账本、交易数据模型、智能合约执行状态数据库等。

共识层负责点对点模式的有效识别认证，能让高度分散的节点在多中心化的区块链网络中高效地针对区块数据的有效性达成共识。共识层的核心要素是共识机制，主要功能是确保节点协作并维护全局数据一致性。

智能合约层是区块链可编程的环境，负责按照指令顺序执行程序逻辑。智能合约是存储在区块链中一段不可篡改的程序，可以自动化执行一些预先定义好的规则和条款。智能合约层包括智能合约的运行环境、智能合约支持的开发语言及安全智能合约开发和审计等功能。

应用支撑层是在区块链底层基础架构之上，针对数字城市需求，为上层应用提供技术支撑的模块集合。包括针对物联网海量数据高并发场景下的物联网链网协同技术，针对解决链上链下数据通信、代码执行不可信问题的区块链上/下行可信数据交换技术，针对解决个体身份识别安全性与一致性问题的链上多维度数字身份鉴别技术等。

3.3
城域区块链的组织与管理

城域区块链是动态、分布式计算的新范式，通过提供连接区块链与城市算力一体化服务的形式实现区块链即服务（BaaS）功能。城域区块链网络通过对计算、存储、网络等多种资源的统筹编排，实现资源的统一管理和协同调度，通过区块链与城市算力在形态和协议方面的深度融合，形成二者融于一体的基础设施。

城域区块链作为数字城市基础设施，其建设运营必须在政府的统筹规划、推动与监管之下，同时还要发挥市场的能动性，提供优质的运营与服务，这些都要遵循基础设施的建设规律。在城域区块链内部及各应用链之间的治理机制，采用多中心的自组织方式，充分发挥区块链的技术特点，达到最佳的治理效能。

3.3.1　城域区块链的组织与协作

城域区块链舍弃基于命令与控制的层级化结构，采用共治的协作方式，用自组织的架构取代传统体系中的定义、分配工作的分层规划过程。城域区块链的理念包括采用动态的角色分配，而不是传统的固定职衔；分布式的，而不是中心化的权利；透明化的规则，而不是办公室政治；快速的迭代，而不是大规模的重构。

城域区块链组织与协作模式的本质是共识，并基于共识实现共赢，达到共享与共治，以促进真正的公开、公正、透明。该模式带来新型的经济形态及新的价值组合，一些分布式的组织模式正呈现出来。这些模式可以使短时间内发生的事实达成共识，并做出决定，为实现一个更有自主权的社会提供机会。这些或许就是实现一个更繁荣、更包容的经济体所需的先决条件。

与传统的组织不同的是，传统的组织由人类通过严谨的层级去做决定；而在分布式组织里，很多日常的决策可以被编程为智能的代码。理论上，这些组织可以在较少甚至无须传统管理架构的情况下运行，每个流程、每个人都根据智能合约里编码好的特定规则和流程运作。任何人或有合作关系的机构，都在智能合约的框架下运作，智能合约会将管理科学理论的集合编码进系统中，任务和绩效指标将是透明化的。技术提供者制定一系列的规则并为软件设定一个目标，让其自动执行特定的功能，搭建透明的指导方案和不可侵蚀的商业规则，链上节点会根据这些透明的规则，执行所有的运作流程。

城域区块链组织将由共识驱动而非中心实体驱动，互联网社会将成为以分散组织为基础的可编程社会，形成遵循一系列标准规范的链网融合、能力调度、整体运营。多中心化在社会组织层面的演化，可以让互联网进一步开放，形成公平透明、扁平化的社会组织。如果源自工业时代的庞大冗杂的组织模式在数字时代成为创造力的障碍，互联网成为中心化巨头割据的孤岛，那么原生于数字世界的城域区块链组织形态将会打破常规，再一次激发互联网的活力，带来数字社会的下一场繁荣盛宴。

3.3.2　城域区块链的运营与管理

可运营性与可维护性是基础设施的重要属性，城域区块链要作为数字城市基础设施，同样要确保自身可运营和可维护，能提供标准化的服务，能让使用者智能匹配、按需接入，能具备应急能力，及时排除系统异常情况。比特币、以太坊等公有链作为基础设施部署，已经让人们看到区块链的价值，但因其缺乏运管机制，故而对金融基础设施（如Swift）形成冲击。因此城域区块链作为数字城市的基础设施，其可运营、可维护的特性是其得以安全平稳高效运行的前提。

城域区块链的运营和维护需要可靠的技术工具箱。城域区块链可运维性的诉求源于建设者与使用者对合规性的自觉遵守，并逐渐形成一个完整的技术体系和方法论。从工具的视角来说，BaaS是一种帮助运营机构和维护人员创建、管理和维护区块链网络及应用的综合服务平台，是为区块链应用开发者提供区块链服务能力的平台。BaaS把计算资源、通信资源、存储资源及上层的区块链记账能力、区块链应用开发能力、区块链配套设施能力转化为可编程接口，让应用开发和部署过程简单而高效，同时通过标准化的能力建设，保障区块链应用的安全可靠，对区块链业务的运营提供支撑，解决弹性、安全性等运营难题，让开发者可以专注开发。

城域区块链的运营需要考虑合规、机制和应急处置。第一，城域区块链的运营要与现行法律体系完全兼容，满足政府的监管要求。从城域区块链底层把执法措施支持到位，是区块链应用者达到合规的起码要求，尤其是当城域区块链进入技术上以自主创新、自主掌控为主，应用上以合规发展、为我所用为主的阶段时，就必须要考虑法律的合规性问题与满足政府监管的要求。第二，城域区块链需要将运营组织、商业模式及技术工具相融合，形成统一、完整的运营机制。与其他基础设施一样，由专门的机构来运营区块链基础设施，保障区块链服务的稳定与安全，提供统一的标准化的区块链服务，开拓区块链基础设施服务市场。第三，城域区块链的运维需要配备应急处置程序。区块链的智能合约是自动执行的，有时会把人工干预隔离在外，那么，有缺陷的区块链应用特别是智能合约应用上线是一件危险的事情，它不仅可能影响自身的用户群和业务生态，还可能影响其他的用户群和业务生态。因此，运营方对承载重要业务、运作重要资产的区块链应用应该实行准入制，同时可以要求区块链应用具备与运营方联动的标准化的应急处置功能。

3.4
城域区块链标准化

从大量联盟链由于数据标准、接口标准不统一给数据汇聚和可信流动制造不小障碍的教训来看，要把区块链作为数字城市基础设施建设，必须解决标准统一问题。一方面，有了统一的标准才能有序地建设城域区块链基础设施；另一方面，有了统一的标准才能使更多的智慧应用低成本、快速地运用区块链。成熟的标准体系是打造良性、有序区块链服务新业态的重要保障，标准既是基础设施最显著的标志，也是基础设施建设、运营、管理的现实依据。

3.4.1 城域区块链标准体系

城域区块链技术发展时间较短，但发展势头迅猛，这期间免不了因为发展速度过快而导致走"弯路"，或者因不法分子钻空子导致的新兴市场乱象的出现。在这种现实情况下，急需相关标准明确安全审核"红线"，规范应用市场"门槛"，对城域区块链领域进行规范管理和积极引导。

在工业和信息化部信息化和软件服务业司及国家标准化管理委员会指导下，中国区块链技术和产业发展论坛编写的《中国区块链技术和应用发展白皮书（2016）》中提出的"区块链标准体系框架"（如图3-3所示），从基础标准、业务和应用标准、过程和方法标准、可信和互操作标准、信息安全标准等方面进行设计与规划，该标准体系框架对城域区块链基础设施同样具有参考意义。

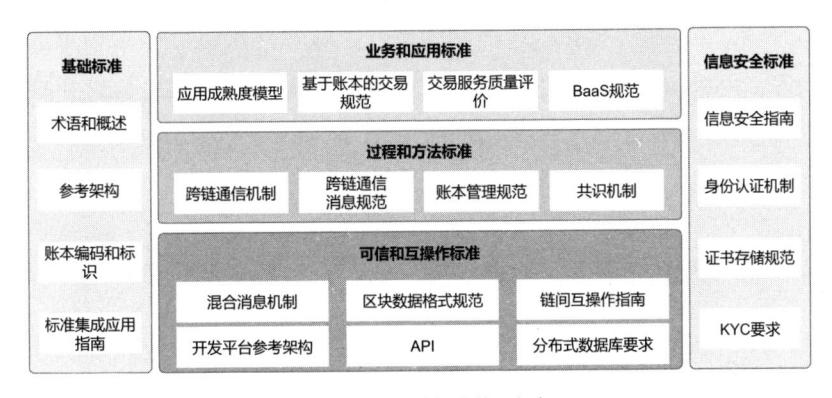

基础标准	业务和应用标准				信息安全标准
术语和概述	应用成熟度模型	基于账本的交易规范	交易服务质量评价	BaaS规范	信息安全指南
参考架构	过程和方法标准				身份认证机制
	跨链通信机制	跨链通信消息规范	账本管理规范	共识机制	
账本编码和标识	可信和互操作标准				证书存储规范
标准集成应用指南	混合消息机制	区块数据格式规范		链间互操作指南	KYC要求
	开发平台参考架构	API		分布式数据库要求	

图3-3 区块链标准体系框架

参考以上标准体系框架，雄安新区从实际需求出发，将经实践验证过的城域区块链标准归纳为城域区块链基础类标准、城域区块链应用类标准、城域区块链互操作类标准、城域区块链安全类标准。城域区块链标准体系不会静止不变，必定会随着需求和技术的发展不断迭代、丰富和发展。

3.4.2 城域区块链各类标准

1. 城域区块链基础类标准

城域区块链基础类标准用于统一城域区块链通用的术语、相关概念及模型,为其他各部分标准的制定提供支撑。城域区块链参考架构需要提供一个体系框架,用于有效描述城域区块链角色、操作、功能和组件等。主要内容包括描述城域区块链的相关角色群体、相互之间的关系及与外部环境的关系;描述城域区块链系统的基本功能要求、活动和组件。城域区块链参考架构重点关注城域区块链提供什么服务,而不是如何设计基于城域区块链的解决方案和实现方式,因此其并不依赖任何具体的产品、服务或参考实现,也不定义有碍创新的方案。

2. 城域区块链应用类标准

城域区块链应用类标准主要用于规范城域区块链应用开发和服务的设计、部署、交付,包括应用总体标准和特定应用标准。应用总体标准是各类城域区块链应用在基础类标准的框架下,进行设计、开发和部署所依据的共性规范。特定应用标准是专门针对不同行业、不同类型场景而制定的标准,如金融行业、知识产权行业、通信行业等,这类标准会很多,而且更新迭代也很快。

3. 城域区块链互操作类标准

城域区块链互操作类标准是用于规范链间互操作、应用层互操作和链下互操作的技术框架和相关标准。该类标准包括:(1)链间消息传输协议，并基于该协议搭建同时支持同构及异构区块链间跨链交易的跨链技术开发平台参考架构，允许异构链间的资产交换、数据共享及合约调用；（2）参考架构，由中继链、应用链及跨链网关三种角色组成，依据场景导向可灵活组织部署架构，具有通用跨链传输协议、异构交易验证引擎、多层级路由三大核心功能特性，保证跨链交易的安全性、灵活性和可靠性；（3）数据格式，支持城域区块链系统之间及与其他相关系统间的数据交换与共享，提升不同平台的一致性和互操作性。

4. 城域区块链安全类标准

城域区块链安全类标准用于指导实现城域区块链的隐私和安全，以及身份认证。该类标准可参考国家市场监督管理局和国家标准化管理委员会发布的《信息安全技术区块链信息服务安全规范》中提出的区块链信息服务安全要求模型，同时基于区块链信息服务形式，从安全技术要求和安全保障要求两个方面加以规范化、标准化。

小结

在思考认识上，区块链是数字城市的基础设施，就像电力、供水、燃气及算力基础设施一样具有公共性、公益性、基础性、集约性的特点，可以广泛应用于多个垂直应用场景，实现区块链能力的集约化供给。雄安新区把城域区块链作为基础设施部署到数字城市中，在为各类区块链应用系统提供统一的技术模块外，还建立统一规范的管理控制和能力服务，在政府的统筹规划、推动与监管之下建设、运营，形成包括建设、运用、管理各层面的标准体系，并实现与其他数字基础设施协同运作。通过服务各领域智慧应用，支撑整个城市数据便捷联通与安全共享，极大地拓宽区块链应用的空间，更大程度地释放区块链对数字城市的价值。

第 4 章

城域区块链与
数字政府

《中华人民共和国国民经济和社会发展第十四个五年规划和2035年远景目标纲要》对数字政府的发展给出了清晰的方向，要求将数字技术广泛应用于政府管理服务，推动政府治理流程再造和模式优化，不断提高决策科学性和服务效率，与国家治理体系和治理能力现代化相适应。要实现国家提出的目标和战略，继续以传统"互联网+政务"的思路推进数字政府建设必然步履维艰，其症结在于数据大规模汇聚成本高、政务数据难以确权、部门数据隐私保护欠缺、共享流通的数据可信性弱等长期积累问题。特别是面对产业服务、投资审批、资金监管等涉及部门多、流程长、专业性强的政府业务，必须要实现政务数据跨部门、跨地域有效共享，数据治理标准化和智能化，才能将数字政府建设向纵深推进。

本章主要介绍以城域区块链基础设施为底座，通过接入各类政府应用链，形成核心链+应用链的区块链网络，实现数字政府建设由"互联网+政务"向"区块链+政务"转变，从根本上解决政务数据有效融合、数据资源向数据资产转化的难题，使数字政府建设发生质的飞跃。在此基础上，详细介绍雄安新区区块链+惠企服务、项目审批、财政评审、资金监管、住房管理等五大类型政府业务场景应用，展示区块链在处理复杂业务场景时的作用和优势，为数字政府建设提供新的参考路径。

4.1 "区块链+政务"是数字政府深入推进的必经之路

2022年6月,《国务院关于加强数字政府建设的指导意见》强调：统筹推进各行业各领域政务应用系统集约建设、互联互通、协同联动；统筹推进技术融合、业务融合、数据融合，提升跨层级、跨地域、跨系统、跨部门、跨业务的协同管理和服务水平。即"三融五跨"。换句话说，就是要借助现代数字技术，有效汇聚政务数据，经过精准计算和高效配置形成数据资产，进而应用于政务管理、公共服务、经济社会发展等政府职能各领域。数据安全可信地汇聚、融合、共享与流通决定数字政府建设的成败，而区块链因其与生俱来的数据横向联通特质，必将成为数字政府深入推进的不可或缺的选择。

4.1.1 数字政府建设面临的新挑战

改革开放以来，我国数字政府发展先后经历信息化普及阶段和电子政务建设阶段。从1999年开始的信息化普及阶段，政府部门内部逐步推进信息化、网络化，通过建立电子业务系统和局域办公网络，大大提高工作效率，这一阶段可以描述为"部门内部业务协同信息化"。从2012年开启"互联网+"模式，政府部门业务在内部线上协同的基础上向外部延伸,实现外部服务线上化,民众不用提交纸质材料,甚至不用到窗口,而是通过互联网申办各项事务,极大地方便广大民众,这一阶段可以描述为"基础业务互联网化"。

随着"互联网+政务"改革的不断深入,全国各地政府部门搭建各类移动互联网平台,推进"一网通办",让数据多跑腿、群众少跑路,既可以提高政府本身的运行效能,又为企业和群众提供全面规范、公开公平、便捷高效的政务服务。大量政府部门业务线上化,已经积累海量数据并仍在快速增长,这既是政府履行职能最重要的基础,也是各级政府最有价值的资产,这一点已经越来越明显地体现出来了。但是在政府数字化程度快速提升的过程中,也面临着政务数据融合难、政务数据价值挖掘有限等多方面的挑战,其核心的问题是传统互联网思维和"互联网+"这种模式越来越难以满足数字政府深入推进的需要,继续走"互联网+政务"这条路已经很难进一步深化下去。

首先,"互联网+政务"难以解决数据的权属问题。政府是分层级的,有各级政府和各个部门,在法律概念上都属于独立的法人主体,即使是同一部门的不同业务处室,都有各自明确的职责权限,也有各自的隐私保护职责,但是"互联网+政务"模式难以解决数据保护与数据公开的矛盾问题。其次,"互联网+政务"难以有效解决复杂政务活动的数字化。在政府政务中,一些便民服务及注册登记等业务相对比较简单,流程单一,涉及部门较少,容易实现在互联网上办理。但还有相当一部分业务尤其是经济运行职责诸如政府投资、财政资金监管、产业政策兑现、住房管理等，不仅涉及部门多、决策流程长，而且数据关联度高，仅通过流程线上化是无法高效办理的。最后，"互联网+政务"难以有效解决数据孤岛问题。"互联网+政务"是以一个个独立业务平台推进数字政府建设的，势必会造成越来越多的信息壁垒和信息孤岛，究其根源，还是因为"互联网+政务"没有统一的数据标准和接口，即使通过行政手段构建统一平台实现数据集中，也是数据的堆积，无法实现数据融合，最终变成无主的数据，更难以转化为数据资产。

4.1.2 "区块链+政务"为数字政府进一步深化指引前进方向

在以往的数字政府推进过程中，我们已经看到，通过"互联网+政务"行动，实现了相当一部分政务服务线上办理和部分政务数据的互联互通，取得了显著的效果。但随着数字政府建设向纵深推进，其面临着政府各部门数据指数级增长与业务流程再造等诸多障碍和瓶颈。

在数字政府的建设过程中，区块链、云计算、人工智能和物联网等技术都是重要的数字技术，相对于"互联网+政务"的数据汇聚，"区块链+政务"的数据汇聚是一种高可信的数据记录和交换方式，这主要是由区块链的多方共识记账、结构不可篡改、数据状态强一致、用户意愿显式确权、代码规则透明等保障的。深化数字政府建设必须改变传统的互联网思维，运用区块链思维，通过建设区块链网络全面服务于数字政府建设，实现政府部门间数据互联互通，同时打破数据孤岛、数据壁垒等发展障碍，并在保证部门数据隐私的前提下通过数据共享促进业务层面的协同，横向打破部门藩篱，再造业务流程，实现穿透式联合治理，创新政务服务模式。

第一，区块链既能实现政务数据的融合，又能保证政务数据归各部门或各业务处室所有，支持对数据确权和隐私的保护。这是与"互联网+政务"模式最大的不同。区块链的分布式多中心属性与政府的多部门、数据的多元异构相匹配，区块链技术也属于"横向"贯通的基础技术，既能够横向联通各参与主体，也可以横向融合各类数字技术，因而能实现更大范围、更深层面的技术融合、业务融合与数据融合。在实现数据融合的同时，区块链具有多方参与下的数据监督能力，在各方共同监督之下，确定数据的"所有权"等相关权益，在授权和鉴权过程中同样发挥见证监督的作用，因而让权利界定更清晰，保障数据供给方、使用方、监督方等的权益。区块链能围绕确权后的政务数据建立隐私保护框架，通过融合隐私工程化技术与隐私增强技术，实现政府数据有隐私保护的开放共享，确保数据被合规地定向、定时与定量使用，平衡数据保护与利用之间的矛盾，解决政务数据保护和开放的难题。

第二，区块链采取智能合约方式将各部门职能代码化，从而将复杂政府业务由各部门或处室的串行办理调整为并行办理，优化、变革政务办理的机制和流程。这首先需要将业务和数据分门别类加以划分，再以特定业务为主线，将各部门所依赖的数据结构化，并将各部门在该业务中的职能代码化，在输入数据满足条件的情况下，触发智能合约的执行，主动激活该部门履行职责。例如，惠企政策服务的代码化其实是政府相当一部分业务在区块链监督下的机器/算法自动执行、算法审核、算法评估和算法兑现。同时，在数据条件满足的情况下，有些业务不必按原方式必须等"前序部门"全部办理完毕本部门才能开始处理，而是在"前序数据"满足本部门需要后就能开始着手办理，形成多部门并行处理的新流程，从而压缩业务办理时长，提高政府部门工作效率。需要说明的是，政府相当一部分涉及决策、指挥、应急的职能往往具有随机性、不规律性，因而无法代码化，主要还是依靠现有行政机制来解决；但也有一部分属于经常性、规律性运转的职能，可以将其抽象出来实行代码化，由代码执行，实现部分政府职能的代码替代，因此"区块链+政务"还是机构、机制和流程再造相结合的过程，人和代码结合才是未来的政府。

第三，城域区块链采取分层管理和应用功能模块化的方式部署，可以实现政务成本大幅降低。将区块链建设成为城市基础设施，为建设更丰富、更复杂的智慧应用提供集约化、便捷统一的底层支撑，不只为某个特定部门或者行业的智慧应用服务，而是为全社会集约化供给区块链服务，这样可以大幅降低政府服务的成本。同时，城域区块链基础设施集约化供给区块链服务，避免分散开发、多头部署等重复建设，可以大幅减少建设、接入、共享、维护等方面的时间成本、人力成本和资金成本。此外，统一的技术标准能够便捷、高效地支撑开发、测试，并提高运营维护、安全保障能力等，基于城域区块链基础设施，可以实现政务数据逻辑上汇聚，物理上分散，实现低成本地跨部门/系统汇聚、共享、流动；政府职能代码化减少人工干预，降低人员成本和失误概率，提升执行效率。

第四，"区块链+政务"模式可以覆盖政府的全部职能，数据汇聚种类更丰富，数据价值得到更充分的发挥。目前的"互联网+政务"模式很难实现政府复杂业务数字化，政府职能数字化集中在基本的注册、登记、办证等简单业务，不能反映政府业务的全貌，所以尽管数据量巨大，但是数据种类有限，还没有发挥出政务数据的更高价值。如前所述，"区块链+政务"模式能构建以数据为核心的数字政府管理体系，通过数据资源的整合、共享与开发利用，实现政府复杂业务数字化，覆盖全部政府业务，汇聚更全面的政务数据，更好地发挥政务数据的价值。

4.1.3 "区块链+政务"基本架构

数字政府的建设方式要从分散独立开发业务系统转变到构建数字政务基础设施的方式上来，要从粗放式、分散化转向低成本、集约化、分布式的可持续发展的模式上来，以"统建共用"原则统一布局政务数字基础设施建设。在第3章中，我们介绍了城域区块链基础设施的基本架构。"区块链+数字政府"的核心是要建设一个城市级的数字政府基础设施——区块链网络，然后统一数据标准，统一数据接口，各层级、各领域、各单位将各自的应用链统一接入城域区块链网，从而实现数据汇聚融合。在此基础上，数字政府建设不仅要从"互联网+"全面转变为"区块链+"，而且要充分利用区块链技术优势，实现政府业务的全面覆盖，特别是实现复杂政府业务的数字化。

一是实现"区块链+惠民"服务。在"互联网+"模式下，政府惠民服务已经取得显著成效，解决了大量涉及居民的民生服务问题。但是在"区块链+"模式下，需要基于城域区块链基础设施对"互联网+"进行数据汇聚的改造，使惠民服务数据与其他政务数据更好地融合汇聚，更为重要的是，区块链可以明确办理居民服务过程中产生的数据归老百姓所有，实现"还数于民"。

二是实现"区块链+惠企"服务。在"互联网+"模式下，大部分惠企业务，如各类补贴政策兑现、高新技术企业资质认定等主要以线下部门之间协同办理为主，数字化系统主要是辅助政策查询和表格填报，难以及时地为企业提供精准服务。在"区块链+"模式下，基于城域区块链基础设施为企业建立数据账户，将惠企政策结构化、代码化，可以精准、及时、主动为企业提供服务，实现政府送政策上门。

三是实现"区块链+投资"管理。这部分政府业务目前大多依旧采用电子表格的文件模式，没有实现跨部门跨层级的数据共享，这是"互联网+"模式的瓶颈所致。在"区块链+"模式下，基于城域区块链基础设施建立项目数据账户，能在确保数据权限的前提下，便捷实现数据共享，并行办理，提升政府投资管理效能。

四是实现"区块链+资金"管理。这部分政府业务目前采用电子文件+表格的模式，因手段欠缺而无力全程监管财政资金的使用，存在资金与合同/任务两张皮的现象，"互联网+政务"的模式无法实现资金全流程跨系统监管。"区块链+政务"模式可以基于城域区块链基础设施中的资金管理核心链，关联共享项目信息与资金信息，全程实时监督资金使用，从而提升资金的使用效率。

五是实现"区块链+住房"管理。政府住房管理业务跨部门较多，而且涉及政府和企业之间复杂的利益关系，更是难以实现住房数据真正汇聚融合，这同样是"互联网+政务"模式缺乏跨机构数据融合机制造成的。"区块链+住房"模式可以基于城域区块链基础设施中的住房核心链，轻量级接入各机构、企业、政府部门的应用链，融合共享住房和人员的数据，从而实时动态掌握城市住房情况。

从政府主要事务的业务量和数据量看，上述五类业务活动大约占90%以上，其中后四项业务更复杂，并且数据量也更大、更有价值，这是进一步推进数字政府建设所要解决的核心所在。从目前数字政府的建设情况看，大多数城市仍集中在惠民服务上，后四项业务的数字化在少数城市刚刚起步，大多数城市尚未开始。

雄安新区充分利用数字政府建设一张白纸的后发优势，一开始就将城域区块链部署为数字政府的基础设施，全面实施"区块链+政务"行动，在雄安新区管理委员会的统筹指导与监管之下，由雄安区块链实验室负责运营并提供服务，为数字政府场景应用提供数据确权、数据增信、数据融合与隐私保护等能力，各类应用按照统一的标准规范要求"低代码"开发即可接入区块链"总线"，实现数据更广泛、更大规模地高质量融合与共享。雄安新区推出基于雄安城域区块链的数字身份体系，联通各机构的数据，构成逻辑上的虚拟数据账户，赋予数据主体对数据的实际控制能力，最大限度保护其数据隐私。各个部门以业务为主线，基于雄安城域区块链基础设施革新业务流程，从公共服务领域向经济运行、市场监管领域纵深推进，初步形成雄安新区数字政府的雏形，城域区块链与数字政府如图4-1所示。

图4-1 城域区块链与数字政府

4.2 区块链+惠企服务

中小企业是城市经济发展和社会稳定的重要支撑，惠企服务是政府履行经济管理职能的重要内容之一。企业在发展过程中经常面临政策查找难、政策申报繁、政策兑付晚、隐私保护难等痛点。一是企业首先需要发现并了解不同的政策，然后按照要求准备各类材料，效率低、工作量大；二是各部门数据共享程度有限，数据完备性不足，无法形成精准企业画像，政府只能提供被动式、碎片化、笼统的服务；三是企业出于隐私保护的考量，提供的信息存在选择性失真，无法客观反映企业真实情况，还容易滋生骗补、骗贷等行为；四是政策支持与市场化服务未进行有机融合，数据互信缺乏有效手段，创新服务机制没有建立，整体智能化服务水平有待提升。因而在传统"互联网+惠企服务"模式下，惠企服务数字化就是企业将一些申报材料通过互联网简单地上报，政企之间存在信息不对称甚至信息博弈，缺乏互信机制，数据难以汇聚并发挥价值等问题都没有解决。这是当前地方政府服务企业特别是中小型科技企业方面的痛点和难题，也是不少地方数字政府建设的薄弱环节。

【"区块链+惠企服务"案例】

"区块链+惠企服务"的基本思路是，基于城域区块链基础设施建立企业数据账户，融合各应用链提供的可信数据，将全面、连续、真实的企业数据进行逻辑上归集并加以确权，实现"还数于企"。在此基础上，将各部门惠企政策结构化、兑现条件代码化，实现政策申报数字化、线上化，符合条件的单位可自动触发智能合约，避免人工干预，从而让企业办事不求人，享受政策不进政府门，使各项惠企政策能真正落地，激发企业干事创业积极性，城域区块链支撑政府主动靠前提供惠企服务如图4-2所示，表4-1

第 4 章 | 城域区块链与数字政府

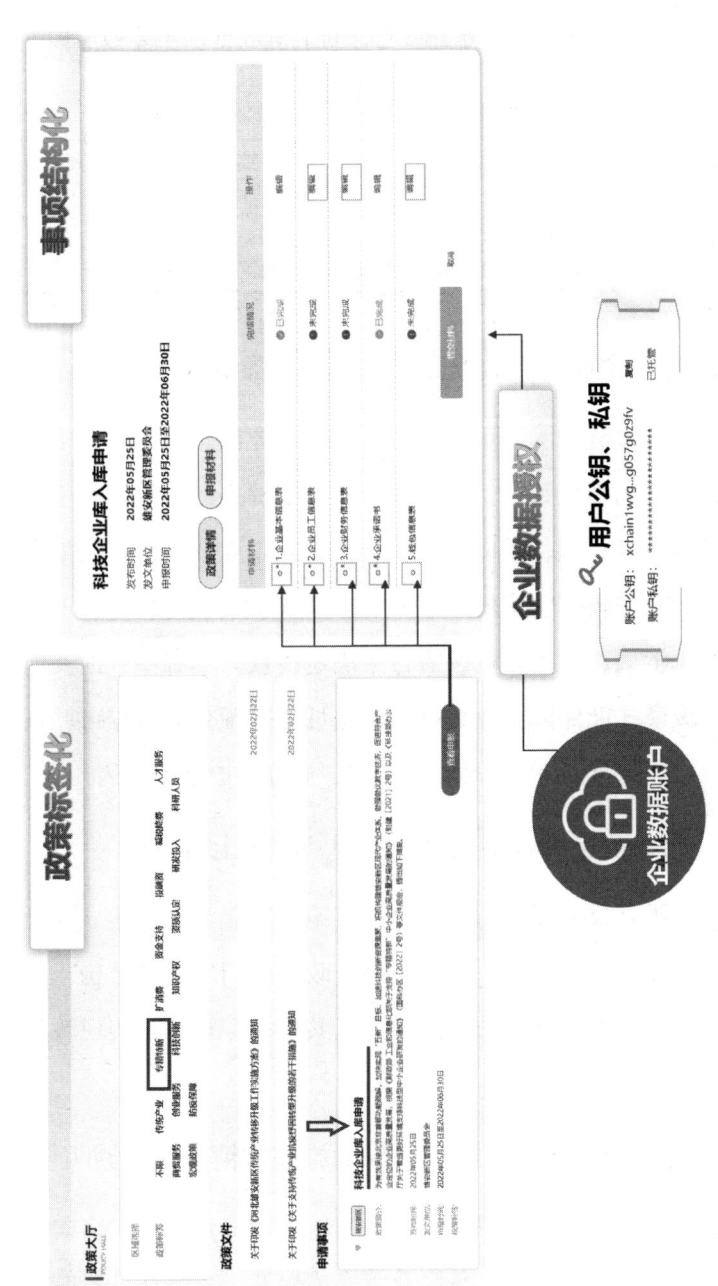

图 4-2 城域区块链支撑政府主动靠前提供惠企服务

展示了"区块链+惠企服务"参与方与上链数据。主要做法如下。

表 4-1 "区块链 + 惠企服务"参与方与上链数据

应用场景参与方	政府产业主管部门、投资促进部门、综合执法部门、人民银行、金融机构、中小企业服务机构、各类中小企业
上链数据	企业基本信息等公开数据、企业隐私数据（财务信息、合同信息、员工信息、知识产权信息等）、政策审批和兑现信息等

1. 建立企业自主数据账户，为企业数据确权

利用区块链技术为企业构建虚拟的企业数据账户，其中涵盖政府各部门的涉企数据，并叠加企业自主提供的数据，利用智能算法进行交叉核验，予以确权，构成伴随企业成长的"数据保险箱"。企业数据账户不用进行集中的数据归集，而是将分散的数据进行逻辑汇聚，并由企业按需自主决定授权共享哪些数据及向谁共享。该模式能保障企业数据的真实性，实现企业数据可验证、可查询，且给予企业掌握数据主动权，充分保护企业隐私。

2. 惠企政策内容结构化，实现"政策上链"

全域所有政务部门的惠企政策实施谱系化治理，建立政策数据标准和政策数据目录，将各类惠企政策分门别类地结构化，并同步建立完善的跨部门、跨组织数据共享标准规范，实现政策上链及智能合约化。

3. 政策兑现流程智能化，保障施政的精准性与透明性

革新各部门政策兑现流程，每当新政策出台必须先结构化上链并形成相应智能合约。每到政策实施周期，系统通过智能算法

予以自动匹配，通过的企业能够免申即享相应的惠企政策，智能合约监督政策奖金的支付，区块链对全部过程留痕存证。该方式既保证企业得到服务的便利性，又保障政策实施的公平性透明性。

4. 政策支持与市场服务融合化，形成立体扶持模式

企业申请政策的数据是经过多方核验的、高可信的，这为金融保险、投资并购等市场服务机构提供有价值的企业信用，企业自主决定是否向市场服务机构开放自己的数据（包括政务数据与自有数据），能让市场服务机构全面掌握企业可信的动态数据，发挥企业信用价值，低成本、高效率地为企业提供相应服务。

截至2022年年底，"区块链+惠企服务"涉及的政府部门包括雄安新区产业发展部门、科技创新部门、金融服务部门、投资促进部门、综合执法部门及人民检察院等，实现企业注册3129多家，平台汇集传统产业抗疫纾困、服务业纾困发展、专精特新和数字经济核心企业高质量发展等100余项优惠政策，实现从"企业找政策"到"政策找企业"的转变。

4.3 区块链+项目审批

政府投资对拉动内需、促进消费升级、改善民生服务、推动产业转型升级具有重要作用，在各级政府业务中占据重要位置。

由于投资项目审批具有涉及资金规模大、专业程度高、跨部门单位多、内外关联复杂等特点，实践中往往存在审批程序烦琐、时间长、项目概（预）算控制难、工程变更多等问题，也是工程腐败的高发领域。同时，由于项目审批涉及的项目可研报告、概（预）算、工程设计等都是非标文件，缺乏统一格式，因而项目审批数字化在大多数城市尚未实施，影响政府投资项目的审批效率和资金效能。

【"区块链+项目审批"案例】

"区块链+项目审批"基本思路是，按照统一审批流程、统一数据平台、统一审批管理体系、统一监管方式的"四统一"要求，依托区块链技术不可篡改、可追溯、信息共享等优势，构建多部门平行节点，实现跨部门复杂数据关联，提升多部门信息共享能力，解决信息不对称问题，将串行审批优化为并行审批，节约审批时间，提高审批效率，实现事前事项治理标准化、事中信息流转规范化、事后统计分析智能化。同时，基于区块链审批系统形成的真实数据，可以便捷地进行项目建设质量和造价分析，提高工程建设的合规性和透明度，打造阳光政府，"区块链+项目审批"案例参与方与上链数据如表4-2所示，城域区块链支撑政府投资项目跨部门审批管理如图4-3所示。主要做法如下。

表4-2 "区块链+项目审批"案例参与方与上链数据

应用场景	
参与方	政府投资审批部门、工程建设管理部门、投资评审部门、监督部门、项目业主单位、代建单位、建设单位
上链数据	项目基本信息、可研报告格式化数据、初设报告格式化数据、各类批复函件、处理意见等结构化数据

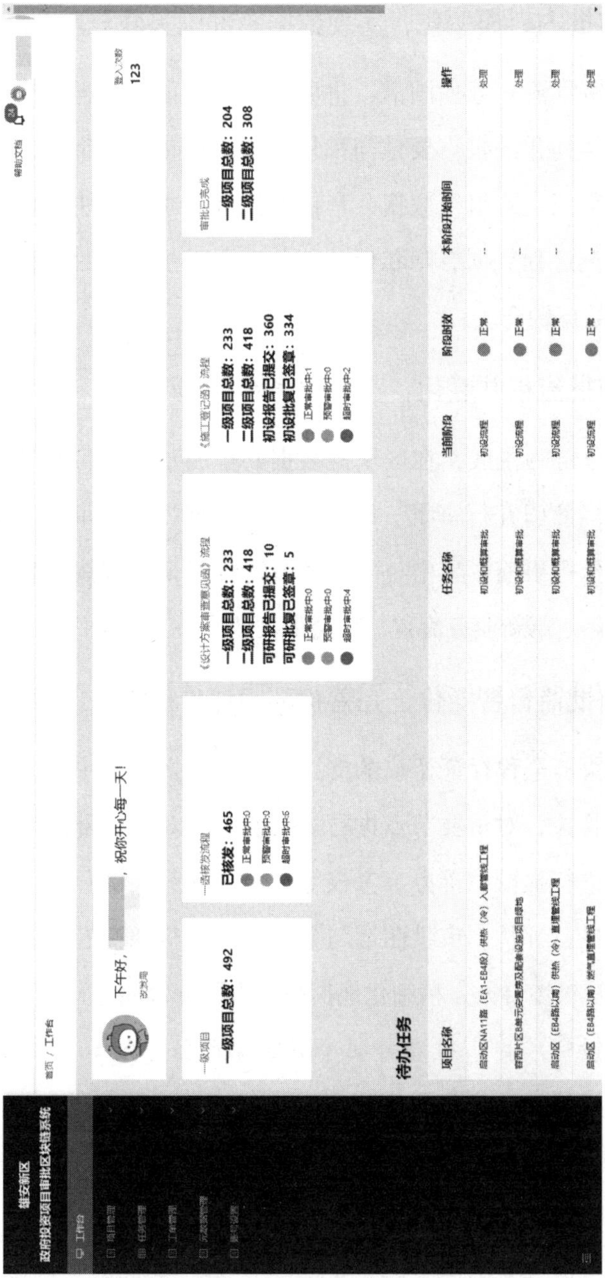

图 4-3 城域区块链支撑政府投资项目跨部门审批管理

1. 审批内容模型化，实现数据跨部门关联与融合

建立审批流程数据图谱，将可研报告、预算报告、初步设计等原本非结构化的报审要件与批复函件结构化、数字化，并建立完善的跨部门、跨组织数据共享标准规范，通过区块链智能合约实现审批全过程数据有隐私保护的共享，赋予政务数据智能化属性，促进数据融合。

2. 审批流程并联化，实现业务跨部门融合

以业务链为主线，在区块链数据共享的基础上跨部门统一审批办法，多部门并行审批、链上同步，实现提交、审批、反馈、监督、评价等事前、事中、事后环节跨部门全过程线上化、并联化、链上化，革新业务流程，提高审批效率。

3. 审批监督智能化，完善跨部门评价机制

在区块链全程存证留痕的支持下，在审批过程中实施审批全流程用时管控，对重要节点进行实时监控，对责任部门及单位的办事质效进行提醒、催办、考核等监督，并对关键环节的跨部门协同效率进行评估。审批图谱与数据智能分析面板有效识别项目"堵点"，针对性督办，精细化地提高审批服务效能。

政府投资项目审批业务属于低频率业务，截至2022年12月底，已完成线上政府投资项目审批一级项目75个，二级项目154个，核发函件331件；项目累计总投资约1600亿元，系统辅助审减项目投资额约163亿元，平均核减比例约10.2%；项目可行性研究报告审批流程时效由7天压缩至5天，办理时间缩短约28.6%。

通过全过程运用区块链思维，对审批内容进行数据建模，传统的多部门串行审批流程融合优化为跨部门并联审批与跨部门智能监督，大大压缩审批时限，全流程实现不见面审批，减少人为干预，实现工程建设项目审批这一复杂政府管理职能的数字化转型。

4.4 区块链+财政评审

财政评审是财政部门对政府投资资金的专项评估与审查行为，能有效保障财政资金的高效运作，避免浪费损失。各地政府利用信息技术在提高评审效率、保障评审质量、节约财政资金等方面进行积极探索并取得一定成效。但是由于财政评审工作涉及项目类别繁多、材料编制口径不统一、人工审核比重大、指标数据缺乏标准及多部门博弈等问题，一直以来难以进行精细化、规范化、标准化管理，因此要把数字评审作为数字政府建设的重要组成部分，有效实现财政评审对项目建设过程的高效全程覆盖，增强对政府投资资金的监管能力。

【"区块链+财政评审"案例】

"区块链+财政评审"的基本思路是，以区块链为数据共享总线构建财政投资评审平台，涵盖财政投资评审中心、评审机构、项目建设单位等主要用户，实现概（预）算评审、招标控制价评审、投资过程跟踪评审、结（决）算评审、绩效评价全过程数据互通共享。通过对项目评审流程规范化、标准化、线上化，优化业务流程，提升工作效率，提高评审成果质量，节约人力资源和成本。此外，通过累积历史评审成果数据并形成项目标准智库，实现评审档案数字化、评审线上化、形象可视化、决策科学化，提升全流程评审控制能力；有效连通项目审批区块链系统、建设资金支付区块链系统等，实现政府投资项目全生命周期管理与工作过程留痕，确保项目建设高效、廉洁，"区块链＋财政评审"案例参与方与上链数据如表4-3所示，城域区块链支撑政府跨部门财政评审如图4-4所示。主要做法如下。

表 4-3 "区块链＋财政评审"案例参与方与上链数据

应用场景	
参与方	财政评审部门、投资审批部门、监督部门、工程造价咨询机构、工程设计单位、代建单位
上链数据	工程造价、标准清单、项目概（预）算、招标控制价评审、投资过程跟踪评审、结（决）算评审、绩效评价等

1. 跨部门数据融合，构建规范、透明的评审委托机制

将发改、规划、建设等部门作为区块链节点，同时接收多部门的评审项目委托，优化财政评审委托机制。并将财政评审业务与项目审批业务打通，实现数据共享，实时同步项目立项资料，以及前期工作函、可行性研究报告批复、初步设计及概算批复等核发文件，保障评审委托工作的及时、高效。

2. 跨系统数据融合，疏通线上评审流程

以区块链为数据共享总线，联通项目管理系统、资金支付系统等，实现可研批复与送审概算、送审概算与审定概算对比分析，

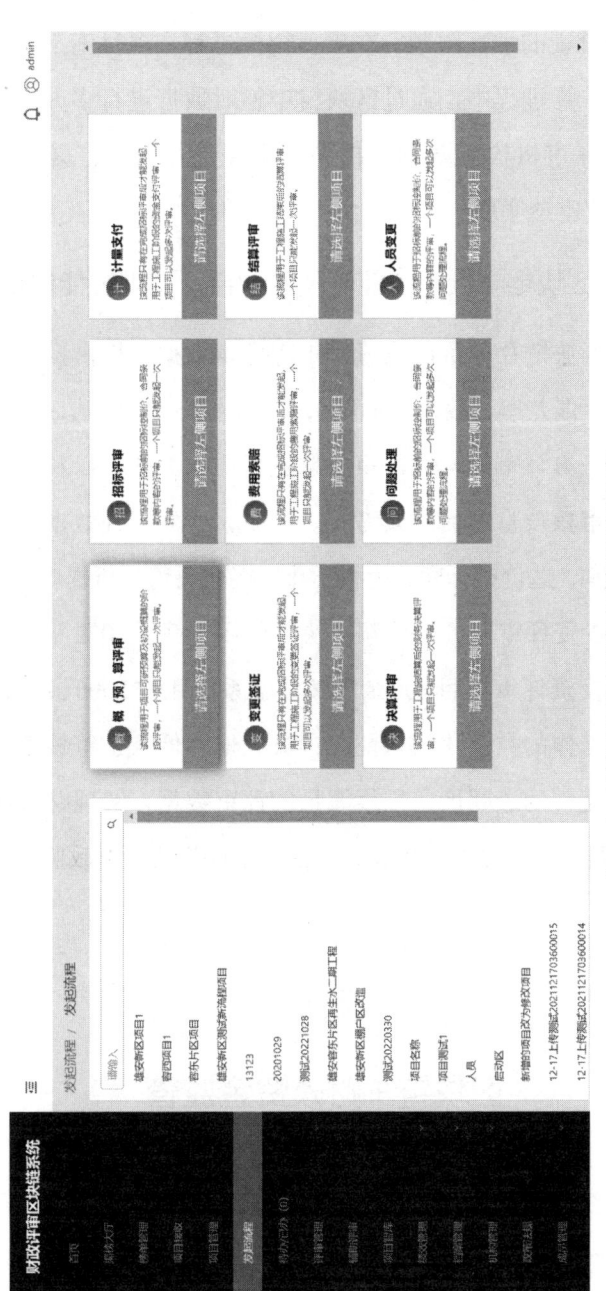

图 4-4 城域区块链支撑政府跨部门财政评审

审核项目投资的最高限额；在项目招标过程、项目施工过程、项目结（决）算过程中，通过区块链中枢对数据进行多方钩稽，辅助第三方评审机构对基础数据的真实性进行验证，提升评审效率，增强评审透明度。

3. 将区块链与人工智能等技术融合，实现智能评审

利用区块链存证沉淀全流程工程评审数据，提供量化分析指标（如审核偏差率、偏差金额等），采用人工智能算法，辅助财政部门对第三方评审机构的评审成果进行质量考核，以及对内部项目负责人审核质量进行绩效考核。同时，建立工程数据库、材料设备价格库、造价指标库，为科学化智能化决策分析提供保障。

财政投资评审业务是低频区块链应用，截至2022年年底，已辅助财政投资评审项目800余项，涵盖系统用户2000余个，通过财政评审工作的数字化与智能化，极大地降低人工审核工作量，增强评审流程的透明度，积累海量的评审数据，实现财政评审对项目建设过程的高效全程覆盖，增强对政府投资的财政监管能力。

4.5

区块链+财政资金监管

财政资金监管是政府经济职能的重要组成，加强财政资金监管对维护经济安全、有效发挥财政职能作用、全面落实积极财政政策具有重大意义。通过数字化手段规范财政资金监管，完善财政

资金的管理和监督体制，提升财政资金监管的精准性，是建设数字政府转变政府职能的重要组成部分。但在财政资金支付过程中，存在资金支付效率不高，拨付迟缓；资金的支付与资金流向监管难，资金截流、挪用、拖欠等顽疾，影响财政资金杠杆作用的发挥，急需以数字化手段和创新的模式优化革新财政资金监管方式。

【"区块链+财政资金监管"案例】

"区块链+财政资金监管"的基本思路是，将工程建设领域参建主体的层级结构转变为扁平化的区块链结构，推动工程建设各个环节信息数据上链，打通工程管理系统、财政支付系统、银行拨付系统，实现工程建设数据的汇聚融合，消除资金支付在主体间的信息不对称，通过智能合约将事前业务数据、事中划拨资金、事后审查监督等核心数据自动关联，形成全周期资金管理模式，增强政府对财政资金全过程监管，确保财政资金透明、高效使用，城域区块链实现跨层级财政资金全程透明监管如图4-5所示，"区块链+财政资金监管"案例参与方与上链数据如表4-4所示。具体做法如下。

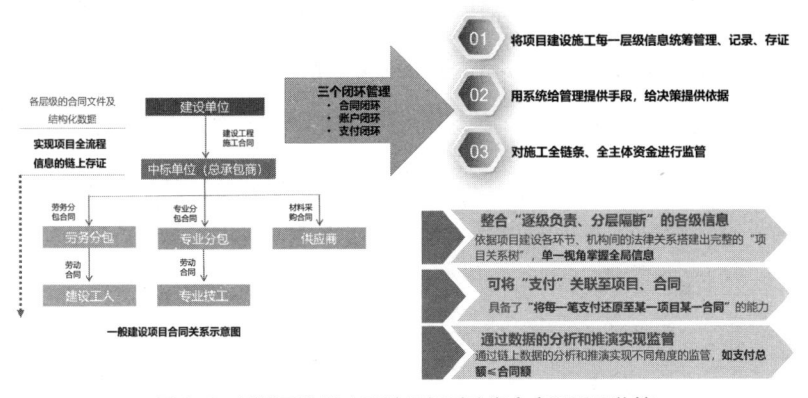

图4-5　城域区块链实现跨层级财政资金全程透明监管

表4-4 "区块链+财政资金监管"案例参与方与上链数据

应用场景参与方	财政部门、项目业主单位、总包单位、工程材料供应商、专业分包和劳务分包单位、金融机构
上链数据	项目基本信息、企业基本信息、总包合同格式化数据、分包合同格式化数据、银行账户信息、验工计价材料和发票信息、请款审批信息、支付指令等

1. 跨行直联，无缝对接企业现有账户体系

系统开发八类智能合约，覆盖工程建设过程中的典型支付场景，包括工程预付款、工程进度款、供应商材料款、建设者工资款、二类费用支付、其他款项支付等。以跨链互操作智能合约的方式，实现工商银行、农业银行、中国银行、建设银行、中信银行等多家银行直联，可无缝对接企业现有账户体系。系统兼顾业主角度的资金监管及企业角度的资金使用，提供一对一、一对多、同行、跨行等多样化支付服务。

2. 资金支付与项目、合同深度关联，为每一笔支付"留痕存证"

将每一笔支付追根溯源，信息流、资金流上链留痕，确保项目建设信息公开透明、可追溯；形成完整的"支付证据链"：单笔支付↔所需支付要件↔对应的分包合同↔所关联的总包合同。对挪用资金、超额支付、无因支付等违规行为形成实质性的监管，为后续项目审计提供高质量的数据保障。

3. 建立合同-账户-支付三个闭环，实现资金流向"一网统揽"

整合"逐级负责、分层隔断"的各级信息，依据项目建设各环节、机构间的法律关系，搭建出完整的"项目关系树"；单一视角掌握全局支付进度；业主对总包支付情况"一目了然"，总包对各分包的支付情况"一目了然"；业主对整个项目"一网统揽"，对施工全链条、全主体进行监督，实现项目进度、资金流向全流程监管；决策有据，将项目建设施工每一层级信息统筹管理，用系统给管理提供手段，给决策提供依据。

4. 通过智能合约触发支付，实现建设者工资穿透支付

系统建立自建设单位到劳务工人的完整支付链条，通过智能合约将支付规则代码化，实现请款审批与支付指令自动关联，实现对建设者工资的穿透支付，全面落实国务院令第724号《保障农民工工资支付条例》，形成对农民工工资及时发放的强监管，杜绝拖欠农民工工资等现象发生，解决农民工工资从哪来、放在哪、谁来发、发给谁、谁监管等五个环节的问题。这也是首次在建设资金支付场景中使用区块链技术保障建设者根本权益的雄安实践。

雄安新区财政资金监管区块链系统属于中频率区块链业务，具备流程驱动、多方协同、全程监管等能力。该系统创造"财政资金直达"新模式，从根本上改变传统财政资金的监管模式，是财政资金监管的重大创新，为"廉洁雄安"建设提供重要的科技保障。截至2022年12月，政府投资项目全部上链管理，管理标段

项目400多个，覆盖各级参建单位共4300多家，合同总数近8700份，合同总金额1500多亿元，累计支付金额约490亿元，其中支付建设者工资31亿元，惠及建设者38多万人次，链上自动穿透式支付将实际到账时间缩减至1个工作日，效率提升60%以上。

此外，雄安新区基于城域区块链基础设施，低成本快速搭建财政数字化管理系统，实现非税收入管理、档案管理、资金支出管理等数据融合，使财政资金涉及的全周期全流程数据上链，并与财政资金穿透支付业务融合，推动财政资金监管全程数字化、智能化，加强政府对财政投资项目全过程监管，确保财政资金透明、高效使用。

4.6

区块链+住房管理

住房关系到城市居民的安居乐业，也关系到整个社会经济的稳定与发展。与住房有关的政府部门包括房管、税务、公安等，服务机构有物业服务公司、销售中介公司、银行等，但是与住房有关的信息化系统相对独立，没有数据汇聚共享，难以有效进行业务协同等问题日渐突出，并造成诸多乱象。例如，房屋建设成本不透明，预售款管理不到位；住房租赁阴阳合同多，市场混乱；物业管理良莠不齐；虚假住房商业贷款与公积金贷款等。这些管理与服务不能做到全覆盖、住房相关的生活服务供给不足或成本高昂，居民的幸福感、获得感的提升缓慢，急需采用新的模式汇聚融合数据和业务，彻底解决上述问题。

【"区块链＋住房管理"案例】

"区块链＋住房管理"的基本思路是，面对各方数据联通与共享需求，以及部门之间的业务协同需求，以城域区块链基础设施作为数据共享与监督总线，实现数据汇聚和受控共享，并快速扩展接入政务服务平台及其他第三方机构，将房管业务场景与其他各方业务场景融合，进而实现多方的业务协同，形成"真人、真房、真住"的房屋数据生态，城域区块链打通住房全要素全周期数据如图4-6所示，"区块链＋住房管理"案例参与方与上链数据如表4-5所示。主要做法如下。

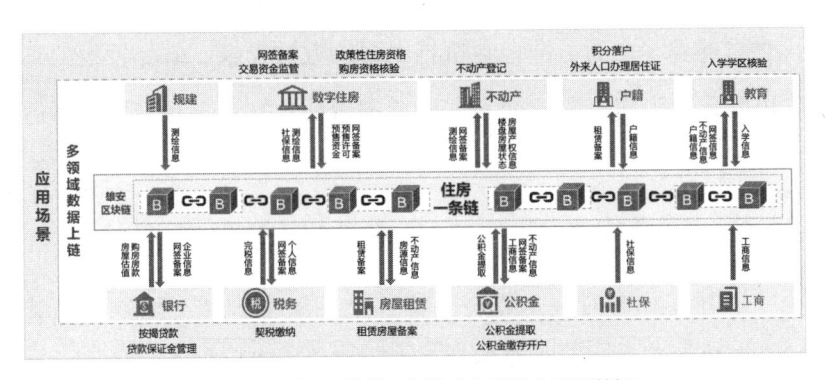

图4-6 城域区块链打通住房全要素全周期数据

表4-5 "区块链＋住房管理"案例参与方与上链数据

应用场景参与方	住房管理部门、规划建设部门、不动产管理部门、公共服务部门、房地产开发商、公积金管理部门、金融机构等
上链数据	不动产登记信息、楼盘表、网签备案信息、预售资金监管信息、房屋交易信息、房屋租赁信息、物业管理信息等

1. 围绕住房核心链，以"1+N"模式搭建数字住房管理整体框架

目前，由1个统一基础平台＋7个子系统构成，形成覆盖房产规划、建设、管理、运营、租赁、监管全生命周期的、长期稳定运营的一体化服务平台。构建包含项目管理、房产交易、安置房缴款分配、网签备案、保障性租赁住房服务、物业维修的全过程管理系统，打通住房全周期全要素数据，实现"真人、真房、真住"。

2. 智能合约驱动合同执行，简化中间环节

通过智能合约内容上链简化买房、租房的复杂流程，确保房源、买房租赁、中介三方信息的真实性，合同中的条款都可以自动执行，减少中间方干涉，使房产各方节省大量时间和成本，加快交易进程。合约上链杜绝执行中弱势方被操纵、未经授权的篡改风险，减少房产买卖交易和租赁中事前预知、事中交易、事后执行的风险。

3. 各方数据实时可控共享，优化资金流管理

在房地产管理中，政府监管侧的公积金管理、维修资金管理、预售资金管理，公众侧的房东、租户、房屋中介，都有大量的付款和服务交易，需要定期执行、跟踪和记录。例如，租金支付必须对房地产所有人、审计师、银行、监管机构和评估师具有透明度。使用区块链技术，对数据开放，可以通过公开的接口查询区块链数据和开发相关应用，因此整个系统信息高度透明，使用区块链技术，不仅能将资金的管理尽可能简化，降低管理成

本，还极大地降低了管理中可能存在的风险。

4. 全员参与全程留痕，实现共治共管

在物业管理中，通过区块链连接社区的信息和资产，重新构建围绕居民、物业、政府和商业四个角色的良好生态，以信息平台及工具为纽带，重塑信任关系，构建一张社区价值网络。打造区块链自主决策系统，在维修资金共管和公众投票决议等方面提供全新的多方参与、共治共管的方案。

截至2022年年底，数字房管平台已建成投用安置房、公积金、物业、租赁、维修基金等5个子系统。在安置房板块完成55486套安置住房备案，9亿多元住宅专项维修资金归集、152亿安置房的房款收取工作。同时，作为北京非首都功能疏解承接落地，数字房管平台还在承接疏解住房租购、物业服务及保障性租赁住房领域提供更多便捷的政务服务，全力保障疏解转移人员过渡性住房供给，确保疏解转移人员来得了、留得下。

小结

数字政府以建设责任型政府、整体型政府、创新型政府、服务型政府为目标，以数字技术为支撑，以政府业务场景和服务需求为牵引，通过数据共享和能力共享驱动系统整合、服务整合、流程再造和业务协同，重塑政府的管理架构、业务架构和组织架构，全面提升政府经济调节、市场监管、社会管理、公共服务等核心职能的履职能力，着力实现政府治理体系和治理能力现代化。在促进数据生产要素化的大背景下，政府作为治理主体，其治理方式的数字化转型需要走向纵深和精细化。城域区块链技术与社会治理精细化、数字化、再组织化等发展目标具有高度的嵌入性和拟合度，既能支撑单独的区块链应用场景，又能以基础设施的方式统合多个区块链应用来实现城域范围的联动，推动区块链在数字政府场域下的多元嵌入与应用，在累积数据资源、促进数据流通、赋能治理方式、再造组织形式和重塑治理结构等多方面不同程度地进行优化，使城域区块链成为创新社会治理路径的内在要求和策略选择。

雄安新区率先部署区块链基础设施，并基于该基础设施建设数字政府，运用区块链思维，在多个领域同步推进跨部门、跨层级、跨业务、跨系统的数据融合、业务融合与技术融合，为数据确权，尊重数据隐私，共享政务数据，重构业务流程，各领域齐头并进，努力释放区块链的更大价值，体现城域区块链支撑整体性、协同性数字政府建设的重要作用。正所谓"一枝独秀不是春，百花齐放春满园"。

第 5 章

城域区块链与
数字经济

数字经济是以数据资源为核心生产要素，以数字基础设施为主要载体，以信息技术融合应用、全要素数字化转型作为重要推动力的新经济形态。未来数字经济到底是一种什么样的形态，现在还难以预知，或许元宇宙给了我们一些模糊的远景认识。不过，数字经济成为经济增长的新动能这一判断已经成为广泛的共识。特别是"互联网+"对数字经济的发展起到了极大的推动作用，让大家深刻认识到数据的价值，并且经过十多年发展，方方面面积累起来的大量数据已经成为全社会资产的重要组成部分。但由于"互联网+"无法对数据进行确权，也难以实现价值的传递，因而"互联网+"对数字经济的推动力正在减弱。在这种情况下，区块链技术开始登上历史舞台。由于区块链可以实现数据确权并传递价值，因而可以将市场机制引入到数据资源的配置中，从而真正成为打开数字经济发展的"金钥匙"。当然，数字经济的成形将是一个漫长的过程，就像"互联网+"在初期也是从业务场景入手的一样，探索"区块链+"在各领域应用并形成链网结构，推动形成数据要素市场，最终实现"涓涓细流，汇成江河"。

本章分析在数字经济环境下，发挥数据要素价值所面临的挑战，提出区块链对数据确权、数据可信流通并逐渐形成数据要素市场等方面的支撑作用。介绍以城域区块链基础设施为底座、以数字经济的一些重要场景为突破，通过构建区块链+场景的应用链，探索产业链数据低成本融合汇聚、安全流通交换的内在逻辑。介绍雄安新区在区块链+产业、金融、跨境贸易、碳资产、数字人民币等场景的具体案例，力图找到通往数字经济的光明大道。

5.1 以"区块链+场景"推动数字经济持续发展

5.1.1 我国数字经济发展取得的成效及面临的挑战

党的十八大以来,我国深入实施网络强国战略、大数据战略,加快推进数字产业化和产业数字化,推动数字经济蓬勃发展。2012年以来,我国的数字经济取得了举世瞩目的发展成就。2020年,我国数字经济核心产业增加值占国内生产总值(GDP)的比重达到7.8%,总体规模连续多年位居世界第二,对经济社会发展的引领支撑作用日益凸显。"十四五"期间,我国数字经济迈向全面扩展期,到2025年,数字经济核心产业增加值占GDP的比重预计将达到10%,数字经济竞争力和影响力将进一步扩大。

我国数字经济发展成效主要是在"互联网+"模式下取得的,数据展现出了巨大价值和潜能。有了数据,就可以进行预测,可以根据用户喜好进行推荐,还可以改进产品和服务,并且可以更加精准地防范风险等。数据要素和数字技术的结合,带来生产方式的变革、商业模式的变革、管理模式的变革、思维模式的变革,改变旧业态,创造新生态。在数据要素和数字技术的驱动下,数字产业化飞速发展,同时促进传统生产要素的数字化变革,推动产业数字化转型发展。

与其他生产要素相比，数据具有可复制、非消耗、边际成本接近于零等新特性，打破自然资源有限供给对增长的制约，对其他生产要素具有放大、叠加、倍增的作用。这些特性既是数据要素的价值所在，也给数据要素价值发挥带来新的挑战。

首先，数据确权难。数据的复制成本相对于生产成本而言很低，数据一旦流出就容易被复制和传播，最初数据所有者的权益必然无法保障。此外，由于数据的来源无法追溯，数据的搜集者便成为所有者，如果再经过多手传播，更无法明确其最初的生产者和所有者究竟属于哪个主体，因此无法保护主体信息安全，数据价值分配也无从下手。而未来数字经济环境对数据产权提出更高的要求，不仅要推进公共数据、企业数据、个人数据分类分级确权、授权，还要建立数据资源持有权、数据加工使用权、数据产品经营权等分置的产权运行机制。"三权分置""分级分类确权授权"等新要求，涉及的数据种类多、数据主体复杂，个人、企业、社会、国家等相关主体对数据有着不同利益诉求，且呈现复杂共生、相互依存、动态变化等特点，进一步加剧数据确权的难度。

其次，数据流转难。当前，各类互联网平台掌握着巨量的用户数据，实现各种流量变现及精准营销，而用户作为这些数据的生产者，却没有在这个过程中得到任何收益，反而承担着隐私泄露的风险。出于对数据资源的垄断，数据搜集者都对自己所拥有的数据视若珍宝，不允许其共享和流通，从而造成企业之间的信息孤岛问题，也就不能让这些数据创造更大的价值。此外，现阶段由于没有数据全流程合规和监管体系，缺乏规范高效的数据交易场所，数据商和第三方数据服务生态不健全，数据流通交易很难激活。因此，如何在保障数据安全的前提下实现数据高效受控共享和有序开发利用，已成为促进数据要素流通中的关键问题。

最后，数据定价难。数据要素市场化是数字经济的客观要求，但由于数据要素并不像传统要素那样以实物形态进入生产过程，而是以虚拟形态进入经济活动过程，虚拟资产的定价方法尚未形成。同时，数据生成和运行涉及复杂的经济关系，数据资源的可复制使其具有明显的外部性，数据定价机制还不明确。此外，由于数据的无限增长，数据使用时效短和更新快，价值变动大，也加大了数据定价难度。

5.1.2 区块链技术为发挥数据要素价值保驾护航

区块链作为新一代信息技术，可以解决数据要素确权、流转、隐私保护等问题和挑战，是数据治理的关键支撑技术。区块链技术在推动各产业的数字化转型，健全、完善产业数字治理体系，强化数字经济安全体系等方面都发挥着非常重要的作用。

（1）区块链不可篡改、可追溯的特性，具有天然完成数据资产权属确定的条件。基于区块链构建个人/企业/部门不同层次的可信数字身份，可以实现数据的"实名制"。基于数字身份，结合数字签名等技术，区块链可实现数据的权属认定和可信溯源，形成数据的"终身负责制"，从源头上确保数据真实性，提升数据质量。

（2）有效防止数据泄露和非法访问，支撑实现数据的分级分类管理。通过数据摘要上链方式实现链上、链下交叉验证，确保数据的完整性与一致性，基于多链、跨链等技术，将不同类型和敏感等级的数据进行"分链共享、分类管理、分级赋权"。

（3）区块链架构可以建立数据资产的"数据账户"，不再借助第三方机构完成数据资产的登记和交易，改变传统资产流动中的"中心化"模式，形成"数据生产者—数据处理者（收集/加工/服务）—数据需求者"的基本架构，完成数据资产价值的形成与流通，为数据资产确权、流通、使用提供技术支撑。

（4）利用区块链的多方共识机制可实现系统中所有的节点共同鉴证，可支撑对上链数据的自动化合规审查，有效促进数据各方自律自治。基于智能合约等技术，实现数据高效共享利用，形成新型激励机制，落实体现效率、促进公平的数据要素收益分配制度，有效激发创新活力。

（5）区块链可实现跨部门、跨区域、跨系统的数据高效共享，打破"数据孤岛"，与隐私计算结合可以使得数据在流通、存储和利用的过程中得到安全保护，实现"原始数据不出域、数据可用不可见"，实现"还数于民""还数于企"，满足数据可信流通需求，赋能数字经济多样化场景。

5.1.3 "区块链+场景"培育数字经济新业态

数字经济之所以有如此的活力与动力，就在于数字经济是一种与传统的农业经济和工业经济完全不同的经济形态。在这种新的经济形态下，数据成为驱动经济运行的关键性生产要素，可以通过广泛融合加工成各种应用和产品，还可以通过赋能重塑工业、农业、金融等传统产业形态。

数字经济最终的产业结构和形态充满无限可能，目前以我们的理解，很难给出一个完整的、理想的描述，只能通过一个个具体的应用场景建设，一个个行业的数字化转型进行积累，由量变到质变，最终形成稳定状态。无论数字经济形态多么难以预测，以数据生产要素的确权、流通、定价、交易为核心内容这一点是毋庸置疑的，而区块链作为保障这个核心机制正常运行的关键支撑技术，自然被叠加到每一个应用场景中去发挥自己的作用。在不同的"区块链+场景"探索过程中，有以下通用规则。

（1）通过建立基于区块链的数据账户，为数据确权和流通提供保障。这是发挥数据要素作用、发展数字经济的基础和前提，只有解决数据确权并保护数据所有者权益，数字经济才有持久的发展动力。互联网下的普通账户不具备数据确权的功能，而在区块链的公钥、私钥账户机制下，公钥能表征主体信息，私钥能用来数字签名，天然具备数据确权的能力，而无须第三方背书，这样的机制能以一种通用的、最小代价的方式完成数据确权。数据确权是数据资产化的基础，明确数据的权属主体后，数据才能成为一种资产，才能得到定价和估值。而数据只有成为一种资产，才能进入企业财务报表，在要素市场上交易和流通，从而更好地产生价值。我国要建立数据产权制度，推进公共数据、企业数据、个人数据分类分级确权授权使用，建立数据资源持有权、数据加工使用权、数据产品经营权等分置的产权运行机制，健全数据要素权益保护制度，区块链是必不可少的支持手段。

（2）通过数据账户对各类数据进行逻辑归集和流通，实现数据增信。经济数字化转型，将各类经济主体活动迁移到数字世界，其本质在于通过数字世界实现不同主体间数据的联结和共享，从而打通物理世界的隔阂，创建互联互通的经济体系。在数字世界中，数据账户就像一个个标准的容器，与企业主体相关的各类数据可能存在于不同的标准化容器中，数据账户就像一根魔法之绳，能够把各类数据串在一起，在隐私保护的前提下，实现数据共享与开发利用，通过各类场景数据融合与交叉验证，为企业建立数字信用。

（3）通过激励机制发挥市场在数据要素资源配置中的决定性作用，培育建立多层次数据要素市场，有效激发新模式、新业态的创新活力。在数据要素流通交易过程中，区块链除了在数据资源标准、确权互认机制、登记和托管机制等方面发挥作用，还能协助构建体现效率、促进公平的数据要素收益分配体系。通过区块链智能合约实现贡献评价、按贡献决定报酬机制，充分调动数据加工方、数据托管方和数据经纪方的积极性，保障数据提供方、使用方、服务方、监管方等不同参与者的权益，更好地发挥市场在数据要素收益分配中的引导调节作用，加速数据与经济活动融合和数据的场景化利用。在区块链新技术、新应用的作用下，一、二、三产业的生产方式，企业形态，业务模式和就业方式都会加速变革，有力促进产业提质、降本、增效、绿色、安全发展。

　　数字经济是一片充满无限可能、无限想象的汪洋大海。如何发展数字经济目前还没有清晰的路径，但雄安新区驾驶着"城域区块链"这一叶扁舟，展开了对数字经济海洋的"场景化"探索。依托城域区块链基础设施，雄安在区块链+产业、金融、跨境贸易、碳资产、数字人民币等领域做了深入研究与应用，建立服务这些行业的应用链，为产业链上下游各类主体间信息共享、资源整合、业务协同等提供保障。依托城域区块链基础设施，实现各行业应用链之间的跨链互通，实现城市管理域范围内的数据汇聚，将数据要素的服务范围由"局部"拓展到"全域"，由"点状"价值转变为"链网"价值，逐步实现分布式、无边界的资源配置模式和生产方式，带动经济发展降本增效，并极大促进跨界创新的产生，城域区块链+数字经济基本架构如图5-1所示。

图5-1　城域区块链+数字经济基本架构

本章将用5节的篇幅对以下5种"区块链+场景"进行介绍。

1. 区块链+产业

针对当前数据为产业赋能面临的数据分散、可信度差、关联度弱、难以共享流通等问题，通过区块链+产业互联网实现企业数据在得到保护前提下的共享与利用，为企业实现数据确权、数据增信和数据赋能，并为企业提供全方位服务，赋能产业数字化升级转型。

2. 区块链+金融

针对中小微企业面临的融资难、融资贵、融资慢等问题，以区块链可信数据驱动金融创新，重塑普惠金融和供应链金融产品的信贷产品与投放模式，解决中小微企业信息分散、难以获取和主体信用承载能力不足等核心问题，实现"信息向信用、信用向信贷"转化。

3. 区块链+跨境贸易

针对跨境贸易中业务流程长、环节繁杂，信息孤岛导致各参与方之间沟通成本和信任成本高等问题，利用区块链在贸易的不同阶段实现信息的实时共享，打通物流、运输、海关、融资和公司之间的数据壁垒，并减少跨境贸易摩擦，降低交易成本，扩大贸易规模。

4. 区块链+碳资产

针对碳排放和碳资产管理存在的碳排放溯源难、碳足迹无法全过程跟踪等问题，以工程建设项目碳数据账户为抓手，利用区块链建立了项目用材阶段、施工阶段和运营阶段的三阶段碳数据服务平台，依托平台的"账户化数据治理、合约化评价模型、数字化绿色服务"能力，构建全线上、标准化的绿色建筑全生命周期碳要素管理与绿色服务体系。

5. 区块链+数字人民币

在数字人民币推广场景探索中，创新实现数字人民币财政资金支付管理，利用数字人民币"可编程"的优势，结合城域区块链基础设施数据赋能的作用，实现数字人民币"染色"与区块链智能合约技术融合方案，成功应用于企业奖补资金发放、科技创新券兑付、农民工工资穿透支付、促消费惠民生等方面，确保财政资金直达监管，以G端为牵引有效链接与带动B端和C端，助力形成数字人民币推广长效机制。

5.2

区块链+产业：产业互联网

产业是经济之本。我国制造业增加值从2012年的16.98万亿元增加到2021年的31.4万亿元，占全球比重从22.5%提高到近30%。在持续保持世界第一制造大国地位的同时，我国制造业从中低端迈向价值链中高端，初步构建起现代产业体系。产业数字化是数字经济的核心内容，智慧农业、智能制造、智能交通、智慧物流、数字金融、数字商贸等数字化应用场景，大大提高传统产业的效益和效率。

在产业链条中，中小企业是推动国民经济发展，构造市场经济主体，促进社会稳定的重要力量。但是，中小企业在数字经济背景下是相对弱势的群体，他们在产业链活动中虽然提供了大量数据，然而这些数据在多数情况下被平台所掌握，并没有为中小企业所用。由于数据没有确权给中小企业，并不是他们的资产，而且是碎片化的，不具备用来画像的能力，数据价值也就无法发挥。从整个产业来看，当前数据为产业赋能面临的主要困难是数据分散、可信度差、关联度弱、难以共享流通，究其原因是数据标准不统一、数据隐私不安全、数据权属和权益分配不明晰等机制问题。

区块链+产业互联网为中小企业全面数字化创造了条件，将根本改变这一状况。区块链的技术特性能支撑企业数据确权、增信和赋能，使企业数据隐私在得到保护的前提下有效汇聚，形成产业链大数据，赋能产业数字化升级转型。在支撑数据确权、增信、赋能方面，区块链核心作用在于能为企业建立自主的"保险箱"式的数据账户，保管企业完整、连续、真实的可信数据，再赋予企业自主开放共享的能力，使企业的可信数据融合汇聚形成产业链大数据，促进产业链数据发挥效能。

【"区块链+产业"互联网案例】

"雄安新区产业互联网区块链平台"是针对雄安新区中小企业数字化发展现实需求,基于城域区块链基础设施建设的服务于企业数字化、智能化提升的公共服务平台。

区块链+产业服务的基本思路有以下三个。一是聚焦产业"微笑曲线"的两端,重点围绕设计、研发、市场、销售、融资服务等领域,构建信息高度共享、隐私绝对尊重、服务全面满足的服务平台,地方政府、金融机构、龙头企业、技术服务方、产业服务机构、产业链相关企业共同参与。二是整合政策申请、金融服务、电子商务、工业设计、跨境电商、人才与就业、知识产权、税务服务等资源,切实解决企业政策申报、融资及向新兴业态发展难题,优化企业发展的外部环境。三是以城域区块链为底座,通过设置企业数据账户,以政策为激励,鼓励企业主动使用,以应用链接入的方式实现企业数据的汇聚,以企业授权的方式实现对数据的受控使用,"区块链+产业"服务参与方与上链数据如表5-1所示,雄安新区产业互联网区块链平台如图5-2所示。主要做法如下。

表5-1 "区块链+产业"服务参与方与上链数据

应用场景参与方	政府产业主管部门、投资促进部门、人民银行、金融机构、中小企业服务机构、各类中小企业
上链数据	企业基本信息等公开数据、企业加密数据(订单、物流、仓储信息、财务信息、合同信息、员工信息、知识产权、数字人民币账户等)、政策数据、奖补信息等

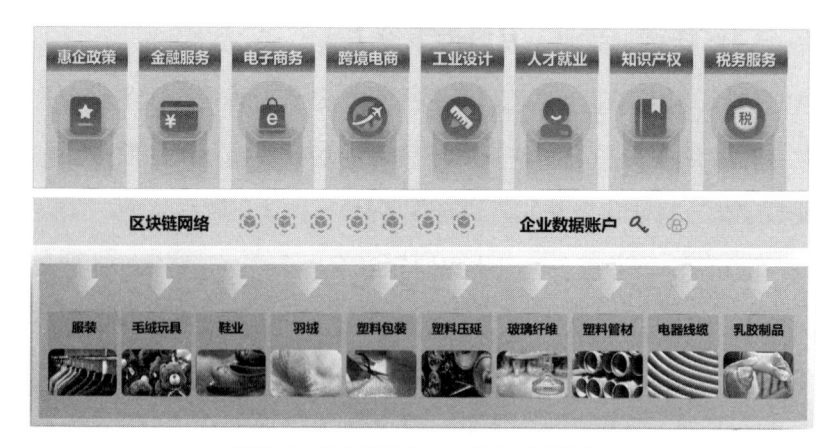

图5-2 雄安新区产业互联网区块链平台

1. 建立企业数据账户，实现数据确权

将企业基本情况、企业运营情况、企业财务情况、企业信用情况等多维度数据格式化处理，形成企业数据保险箱，企业掌握数据私钥密码。这是企业自主的数据账户，依托密码学实现"用数不见数"，通过企业数据保险箱保护数据安全隐私，构建"信任"基础，破解信任难题。

2. 与政策打通，为企业实现数据增信

通过跨链互通与数据隐私保护技术，实现对政府惠企服务数据的共享。通过政策奖补数据实现对企业增信，实现基于时间戳的企业发展轨迹跟踪，进而为企业提供精准画像，大幅降低企业获得政府服务、银行融资的成本和难度。

3. 多方数据协同，帮助企业实现数据赋能

通过区块链打通了政、企、银之间的数据孤岛，在保障企业

数据主权的前提下实现数据赋能，使得企业能通过平台享受从招商引资、落地培育到发展成熟的全生命周期的一站式、全方位服务。

雄安新区产业互联网平台作为"区块链+产业"服务的应用实例，体现了多方面优势。一是奖补政策申请高效便捷，网上一键受理、全程不见面的服务模式，大幅提高企业获得政策支持的效率，企业仅需一次填报就可以永久记录信息，帮助企业避免重复填报，大大缩短政策兑现的时间。二是企业获得感大幅提升，通过政策精准推送和金融产品匹配，实现企业该享受的政策一个不少，该拿的贷款一分不少，该得到的服务一个不差。自2022年2月上线以来，其累计为企业发放奖补资金5000余万元。

5.3

区块链+金融：金融科技服务实体经济

金融是实体经济的血脉，为实体经济服务是金融的天职，是金融的宗旨。随着金融赋能实体产业结构转型相关政策的不断完善，众多细分产业金融需求的不断更新，金融与产业的融合程度也更加深入，呈现新时期数字金融的时代特点。在数字金融时代，金融与产业的合作模式逐渐从单一的金融服务转型到"产业是根本，金融是手段，共赢是结果"和"你中有我，我中有你"的新型共生共赢局面。

过去，金融机构为传统产业提供金融服务，金融机构的金融产品与服务形式更加适合大型企业。金融机构在支持企业过程中，主要以企业自身主体信用为中心，更多强调抵质押物、第二还款来源，更多利用静态历史数据分析和研判风险。对众多中小企业来说，由于自身缺少有价值的抵押物，核心企业信用不能传递，真实贸易场景难以被确认，履约风险无法有效控制，始终面临着融资难、融资贵、融资慢的问题。

区块链是服务金融的革命性技术。以区块链数据驱动金融模式创新，优化信贷业务流程，可解决中小微企业信息分散、难以获取和主体信用承载能力不足这两个核心问题。利用链上可信数据优势重塑信贷产品和投放模式，金融机构可根据企业订单、财务数据等提供无抵押信贷产品，实现"信息向信用、信用向信贷"的转化。

【"区块链+普惠金融"案例】

人民银行雄安营管部积极落实人民银行石家庄中心支行党委相关要求，协调新区改革发展局等职能部门，将数据作为重要的生产要素，探索数字经济模式创新，打造雄安新区"金融服务直通车"。"区块链+普惠金融"的主要思路是，基于区块链技术建设全流程线上政银企对接与服务平台，通过区块链技术将央行货币政策工具、各项惠企政策、金融机构产品与企业融资需求有机融合，实现企业一键申请、银行在线办理、财政线上贴息、人民银行全流程监督的数字化服务闭环，雄安新区金融服务直通车如图5-3所示，"区块链+普惠金融"参与方与上链数据如表5-2所示。主要做法如下。

图 5-3 雄安新区金融服务直通车

表 5-2 "区块链+普惠金融"参与方与上链数据

应用场景	
参与方	政府投资促进部门、人民银行、金融机构、中小企业服务机构、各类中小企业
上链数据	企业基本信息等公开数据、企业加密数据（财务信息、合同信息、员工信息、数字人民币账户等）、企业信用信息、授信审批信息、融资信息等

1. 以区块链构建数据生长环境，促进多方信息共享

"金融服务直通车"依托区块链技术，高效连接并汇集企业多维度数据，有效化解政企、银企之间的信息不对称难题。一是实现数据确权和数据授权，从源头上打消企业对数据安全的顾虑。企业通过自身掌握的公钥、私钥完成数字签名，实现企业对数据的所有权，解决数据归属问题，保证数据的安全隐私。二是建设统一标准的数据目录，为政银企数据共享奠定基础。建立企业数

据标准和数据资源目录，实现企业数据"一张图"全面反映。企业自行填报财务、账户、产业信息等10余项、200余条源数据，基于区块链实现多部门同时报送、多方全局确认的新模式，建立公开透明、参与度高的政府服务与金融服务体系，打破数据孤岛、数据壁垒等障碍。三是利用区块链思维设计政策推动和金融拉动的有效激励机制，形成企业主动持续实现数据上链的内生动力。创新"政策找企业"模式，平台汇集传统产业抗疫纾困、服务业领域纾困发展、专精特新和数字经济核心企业高质量发展等80余项优惠政策。在此基础上，创新"数据变信用"机制，平台汇集雄安新区27家银行业金融机构的多款金融产品，企业数据的完整性、真实性和连续性越高，获得信贷支持越容易，信贷额度越大。

2. 以数据驱动金融模式创新，优化信贷业务服务流程

"金融服务直通车"将数据作为生产要素，通过多方数据立体交互与赋能，对企业进行精准画像，实现"信息向信用、信用向信贷"转化。一是利用可信数据优势，重塑信贷产品和投放模式。利用平台汇聚的海量数据，金融机构可根据企业订单、财务数据等提供无抵押信贷产品。上线至今，通过平台发放的贷款中，信用贷款占比高达95%以上，推动雄安新区科技金融、普惠金融快速发展。二是创新"货币政策工具+"应用模式，打通直达实体经济通道。创设支农再贷款、支小再贷款、碳减排支持工具、科技创新再贷款等6项货币政策工具支持信贷产品通道，实现企业一键申请，银行快速放款。变实物抵押、线下核验与授信的传统模式为"企业主导"的货币政策工具应用发起模式。三是打造金融网上商城，满足入驻企业的多元化金融服务需求。雄安新区全部银行业金融机构上线金融产品，开通首贷、续贷、信用贷三个"线上中心"，引导银行业金融机构在业务流程办理、贷款审批发放、利率差异化等方面落实人民银行相应优惠政策。设立绿色、供应链、科技创新三个"金融专区"，分类整合相关信贷产品，开辟专属对接通道。

3. 以降低经营成本为激励，吸引企业上云用数赋智

"金融服务直通车"通过区块链技术破解数据确权、增信、赋能难题，有力提升政银、银企间的沟通效能，大幅减少企业隐性成本、财务成本和时间成本，打通金融科技创新助力解决企业融资难、融资贵和融资慢等问题的有效路径。一是需求导向，金融服务更便捷。企业可以直观了解新区全部金融机构主要信贷产品，根据自身条件进行比选申请，有效提升企业获贷率，减少不必要的盲目申请和重复申请所造成的隐性成本支出。在雄安新区，贷款申请不求人、"不进银行门"获取信贷服务已成为现实。二是精准画像，风险控制能力更强。通过多方面数据核实比对，使金融机构了解企业市场活动更清晰，对企业画像更精准，对企业经营风险把握更全面，便于金融机构快速、准确地评估企业信贷风险，化解银企信息不对称问题。三是明确时限，贷款发放效率更高。平台实现人民银行全流程线上监督，企业贷款全流程线上办理。企业申请后，银行要在3个工作日内接单、7个工作日内

完成审核发放。对于首贷、信用贷、绿色、科创等信贷政策重点支持领域，平台采取差异化设置，贷款发放效率更高、价格更低。

平台自2022年7月正式运行以来，雄安新区27家银行业金融机构全部接入，入驻企业1903家（约占新区本级企业的39%）。目前，平台已发放贷款264笔，累计金额11.61亿元，企业获贷率92%，贷加权平均利率4.67%，贷款平均发放时间为两个工作日。

【"区块链+供应链金融"案例】

"区块链+供应链金融"的主要思路是，以新区工程建设资金管理区块链信息系统为基础，释放核心企业信用到整个供应链条的多级供应商，提升全链条的融资效率，丰富金融机构的业务场景，从而提高整个供应链上资金运转效率，让金融信息不再成为孤岛，透明供应链赋能供应链金融管理，在现有金融制度框架下，支持金融机构开展"区块链+订单融资""区块链+履约融资"等创新业务。"区块链+供应链金融"参与方与上链数据如表5-3所示。主要做法如下。

表5-3 "区块链+供应链金融"参与方与上链数据

应用场景参与方	财政主管部门、工程建设项目供应链上下游企业、银行机构
上链数据	项目基本信息、企业基本信息、合同信息、银行账户信息、支付信息、审批信息、支付指令、企业信用信息、授信审批信息、融资信息等

1. 工程项目信息全量上链

以新区工程建设资金管理区块链信息系统为基础，建立自业主单位到劳务工人的完整合同体系和支付链条，实现工程建设资金从业主到总、分包单位及时、准确拨付。区块链上存证的合同信息、支付信息，可作为真实的贸易背景信息为银行授信提供数据支持。

2. 数据全部归入企业数据账户

将企业在产业链中的完整的连续的动态可信数据，例如，上下游的合同数据、生产数据、执行数据等，存入企业的区块链数据账户，通过产业链数据互通稽核，为其数据确权并增信，永久固化在企业数据账户中。

3. 金融机构借助链上数据创新产品

组织各商业银行、业主单位、部分总包和分包等单位，基于链上真实贸易信息研究订单融资、履约融资业务特点、适用范围和选取标准，开发并上线了区块链订单融资系统。通过整合服务资源，汇聚多个金融机构的供应链融资产品，建立撮合通道，实现供需的精准匹配，解决分包企业资金错配难题，满足企业的融资需求。

4. 按标准规范赋予企业数据开放能力

申请订单融资的相关企业主体按业务需求，依据智能合约申请/授权自己数据账户中的基本数据和动态数据，金融机构按智能合约规则采用这些数据，降低金融机构的风控难度和工作强度，促进融资业务的达成。

5. 授权政务数据为订单融资业务增信

在区块链确权和智能合约的监督下，政务数据有条件向融资业务相关方开放，授权使用政府涉及融资业务方主体的采购数据、施工数据、支付数据、税务数据等，这些可信的政务数据为订单融资业务增信。

6. 融资业务全程留痕存证

融资业务的过程全部数据全程上链存证，保障后期追索权利。成功融资的业务数据本身同步上链，存入企业数据账户，同样成为后期类似业务或相关业务的可信支撑，形成良性闭环。

雄安新区"区块链+订单融资"系统自2022年1月上线以来，有6家银行基于链上数据为企业累计发放信用贷款8000多万元，有效地缓解了工程建设领域中小企业融资难、融资贵的问题。

5.4
区块链+跨境贸易：打造跨境电商生态圈

外贸是拉动经济增长的"三驾马车"之一，稳外贸是稳增长的重要支撑。跨境贸易全链条参与方众多，每一个环节中都有不同的程序和制度，缺乏高效运行的协同能力，使得贸易程序异常复杂和烦琐，各参与方之间沟通成本和信任成本极高，容易形成诸多信息孤岛。而传统监管模式，因贸易环节繁杂、参与角色众多、利益互斥等因素，监管方无法实时获知或监管整个贸易流程，只能对外贸企业或服务商提供的结果数据进行验证，而验证结果数据需要投入大量的人力、设备、系统等，监管成本巨大。

区块链技术的应用使贸易行为可追溯，在贸易的不同阶段实现信息的实时共享，可打通物流、运输、海关、融资与公司之间的数据壁垒，从而简化监管程序、增加跨境贸易，同时保证支付和融资的安全性，有助于提高企业的竞争力，也有助于降低交易成本。

【"区块链+跨境贸易"案例】

"区块链+跨境贸易"的主要思路是，建设一体化服务平台，利用区块链打通数据链路，在实现海关、税务、外管、市场监管等政府部门之间数据共享的基础上，利用大数据技术赋能金融、物流、仓储、结汇等业务环节，打造以数据为核心的综合服务模式。同时，基于可信数据实现数据增信和数据赋能，精准制定扶持政策，持续创新金融产品，围绕创新链构建服务链。"区块链+跨境贸易"参与方与上链数据如表5-4所示。主要做法如下。

表5-4 "区块链+跨境贸易"参与方与上链数据

应用场景参与方	海关、外汇、税务、工商等政府监管部门、自贸委、金融机构、外贸综合服务机构、跨境贸易供应链上下游企业、各类跨境贸易平台运营机构
上链数据	企业公开数据（基本信息等）、企业加密数据（财务信息、合同信息、员工信息、数字人民币账户等）、跨境贸易"四单"（订单、支付单、运单、清单）及相关业务数据、企业信用信息、授信审批信息、融资信息等

1. 对接多部门，建设数据共享通道

对接海关、外汇、税务、工商等政府部门，打通数据接口，建立数据通道，实现政府部门之间及与企业间的数据交换、互联

互通和信息共享。通过各类数据（订单、支付单、运单、清单）在平台内的比对和相互印证，为跨境电商信息流、资金流、货物流"三流合一"提供更加可靠的数据支撑。

2. 整合多功能，提供"一站式"服务

平台具有9610进出口、9710出口、9810出口等跨境电商全业态功能，在支持报关报检、收结汇、开票退税等功能的基础上，覆盖智能云仓储和基础外贸综合服务功能，可提供仓储管理、园区管理、贸易撮合、物流查询等服务。开发跨境ERP功能，可为企业提供进一步跨境业务管理服务。同时，充分发挥新区跨境金融特色优势，嵌入供应链融资、支付结算等跨境贸易相关金融功能。

3. 打通多节点，实现数据本地沉淀

在数据通路上，平台实现雄安新区跨境数据交换系统三级节点功能，使贸易数据沉淀在本地。基于落地的数据，可实现所有数据的汇集、治理、分析、展示及应用，为跨境电商企业、物流企业、报关企业提供涉及通关的各类业务数据采集、整理、申报、反馈等服务，同时为政府部门提供跨境电商业态分析与决策依据。

4. 以数据为驱动，重构数字化金融服务体系

利用大数据筛查和区块链智能合约等技术，完善风险控制和信用机制，打通园区数据与银行数据互认，利用线上授信等模式创新，持续强化数字技术赋能跨境交付全链路，缩短授信流程，精准对接供应链各节点企业，满足中小企业对资金周期短、快、

急的需求，提供低成本的供应链金融解决方案。

雄安"区块链+跨境贸易"从零起步，到2022年年底已培育跨境电商企业38家，贸易额累计近4400万美元，已初步形成"关""税""汇""商""物""融"一体化的线上综合服务模式。

5.5 区块链+碳资产：开启绿色发展新模式

绿色低碳发展已成为全球大趋势，我国"双碳"战略持续推进，碳排放市场方兴未艾。真实、完整、连续的碳足迹数据是碳核查和碳汇确权的主要依据，也是绿色金融与碳交易的基础支撑。目前，在碳排放监管和碳资产方面存在企业的碳排放溯源难、碳足迹无法全过程跟踪、碳汇的资产价值无法计量、碳减排企业的社会效益无法评估等问题。因此，急需加强高质量碳数据管理，保障减排量可测量、可核查。区块链技术在碳排放权登记、交易、结算、碳排放报告与核查等管理和监管应用中可以增强信息透明度、时效性，降低信息管理成本和监督成本，构建各环节、全流程可追溯的交易监管环境，提升政府碳排放监管和服务的现代化水平。

【"区块链+碳资产"案例】

"区块链+碳资产"的主要思路是，以新建的绿色低碳建筑项目为抓手，建立专门的项目碳数据账户，通过碳数据治理，形成项目碳排放数字孪生，具备覆盖工程建设项目规划设计、用材用料、施工建设、运营管理全流程的碳数据管理能力。通过多层级算法路由的布设，实现碳足迹全过程数据治理，依据相关碳排放方法学，建设项目碳资产全生命周期管理平台。"区块链+碳资产"参与方与上链数据如表 5-5 所示。主要做法如下。

表 5-5 "区块链 + 碳资产"参与方与上链数据

应用场景	
参与方	生态环境部门、规划建设部门、改革发展部门、财政部门、人民银行、碳排放核查机构、金融机构、碳资产管理和服务机构、工程建设项目供应链上下游企业
上链数据	企业公开数据（基本信息等）、绿色建材相关数据、绿色建筑相关数据、水电气等用能数据、碳核查数据、碳资产数据、绿色金融授信审批信息、绿色金融融资信息等

1. 设立建筑项目碳账户

针对新建的建筑类项目，设立专门的区块链碳数据账户（以下简称碳账户），建立碳数据目录，包括主要建材碳排放总量、施工阶段碳排放总量、运营阶段碳排放量等信息。

2. 自动获取碳账户数据

碳账户数据优先自动同步与城域区块链连接的各管理系统的数据，其次由项目单位自主填报。用材阶段各项建材使用量通过与城域区块链连接的建设资金管理系统、财政评审系统等自动获取，施工阶段和运营阶段各项能源使用量通过供电公司、供热公司、燃气公司等自动获取。无法自动获取的可由项目承建商自主填报，并上传相关证据材料。

3. 碳排放数据线上计算与核查

以城域区块链智能合约为工具，实现各阶段碳排放量、总量、排放强度等按碳账户系统自动核算。各项建筑材料全生命周期碳排放强度数值优先选用行业公认标准。其次由承建商（或建材供应商）提供经第三方核查的排放报告，并上传相关证据材料。

4. 碳数据确权与隐私保护

将碳账户数据上链，确认前端数据的原始性、真实性及数据权属，从数据源端保障数据隐私等相关权益。在保证数据权属的基础上，通过多层级算法路由的布设，分离数据所有权与事权，变"数据跑路"为"算法跑路"。在数据属性层面，实现数据在范围、事权、溯源和验证四个维度的稳定，在数据应用层面，实现数据源头、数据真实性、数据复制、数据传播和数据使用目的五个维度的可控，完成碳排放全过程数据治理。

5. 实现碳数据赋能

依托碳账户可信数据体系，实现绿色资金与绿色建筑、绿色建材的逐级匹配。将碳数据账户经授权对接银行等金融机构，实现快捷的"绿色"金融服务对接，支持绿色建筑项目前置认定精准高效适配，提高绿色金融资源的配置效率。

5.6 区块链+数字人民币：助商惠民新举措

数字人民币是由中国人民银行发行的数字形式的法定货币，具备一般电子支付工具所不具备的特点和优势。截至2022年8月，数字人民币试点区域已覆盖全国15个省市23个地区，累计交易笔数3.6亿笔、金额超过1000亿元，支持数字人民币的商户数量超过560万个，应用场景覆盖生活缴费、餐饮服务、交通出行、购物消费、政务服务等多个领域。

尽管数字人民币试点逐步扩展，生态不断壮大，数字人民币的发展也并非全无挑战。由于数字人民币钱包不计利息，且用户已经习惯现有的微信、支付宝等支付手段，使数字人民币推广面临着难以吸引和留住用户、可持续性不足、刚性需求有待挖掘等问题。

2019年11月，雄安新区作为第一批试点地区参与数字人民币试点工作。随着试点工作的深入，雄安新区努力扩大场景适用性，加强特色场景创新，将数字人民币试点融入新区数字城市规划建设，兼顾新区当前发展需要，构建数字人民币应用良性生态圈。经过几年时间，雄安新区利用数字人民币"可编程性"（染色功能）优势，结合城域区块链基础设施数据赋能的作用，积极探索并挖掘出数字人民币在政府财政资金支付管理领域的应用潜力。

【"区块链+数字人民币"案例】

"区块链+数字人民币"的主要思路是，一是针对政府财政资金监管中面临的资金拨付环节多、支付链条长、落地步骤繁、穿透监管难等痛点，选择G端应用作为数字人民币推广的突破口，并有效链接与带动B端和C端。二是探索实现数字人民币"染色"与区块链智能合约技术融合方案。通过链上信息流驱动数字人民币资金流，提高资金拨付效率，实现支付的安全与监管；利用数字人民币的可编程性，对资金划拨的中间环节、使用人、用途等设置限定条件，实现财政资金直达，强化资金溯源监管。三是以数据为驱动，探索建立数字人民币使用的激励机制。利用推广补贴活动积累的消费数据给予用户一定的激励，建立数字人民币推广长效机制，吸引用户持续使用数字人民币，培育"数币"（数字人民币）使用生态，城域区块链支撑的数字人民币应用如图5-4所示，"区块链+数字人民币"参与方与上链数据如表5-6所示。主要做法如下。

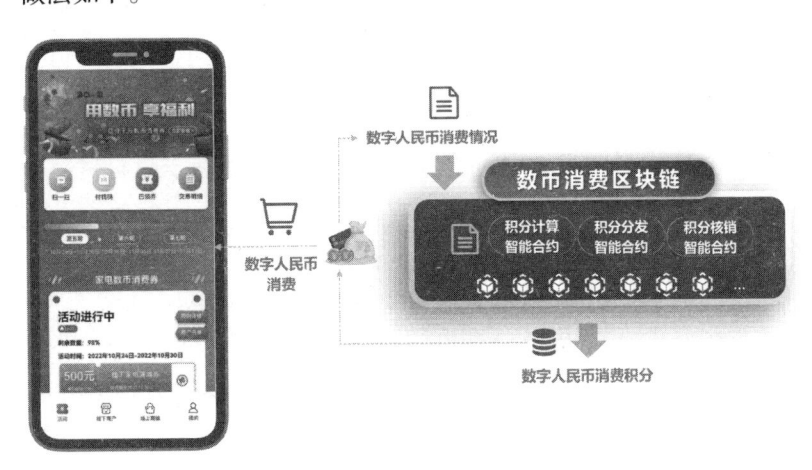

图5-4　城域区块链支撑的数字人民币应用

表 5-6　区块链 + 数字人民币参与方与上链数据

应用场景	
参与方	财政主管部门、投资促进部门、人民银行、金融机构、各类服务企业、雄安新区居民
上链数据	企业和个人公开数据（基本信息等）、企业和个人加密数据（身份信息、数字人民币账户等）、政府补贴信息、商家促销数据、红包领取数据、消费公开数据、消费加密数据等

1. 科技创新券"秒兑付"

雄安新区首笔科技创新券（以下简称科创券）以数字人民币形式完成兑付，全国首创结合区块链智能合约技术实现"秒兑付"。雄安新区科创券是由雄安新区管委会向创新型企业免费发放的权益凭证，主要用于鼓励新区创新型企业充分利用高等院校、科研院所等服务机构的资源开展研发活动和科技创新。

传统方法的补贴发放主要采用事前申请、事后报批的形式，对企业来说流程复杂且激励性不足。雄安新区本着方便企业办事的基本原则，通过技术手段最大限度减少创新券领用流程，达到使用即到账的效果。科创券由企业在雄安新区产业互联网平台申请，企业选择创新服务机构、服务内容，并将合同金额、支付方式等信息及服务合同等上链。平台根据合同登记信息在企业现有可领取额度内自动发放科创券，企业以数字人民币支付自付部分即触发科创券"秒兑付"，服务机构可同时收到企业自付资金与科创券兑付财政资金。

采用数字人民币+区块链智能合约形式发放科创券为雄安首创，相较传统科创券兑付方式，其兑付时间从"季结""月结"提升至"秒结"，实现高效实时兑付，极大简化用券流程，可提高企业用券积极性，鼓励企业加大科研投入力度。已纳入新区科技企业库和"专精特新"企业培育库，企业分别可领取5万元和15万元科创券，最高可支付企业实际支出的50%。

2. 农民工工资穿透支付

雄安通过"雄安新区建设资金管理区块链信息系统"，完成以数字人民币形式发放农民工工资。农民工工资数字人民币穿透支付业务是由分包企业通过区块链系统向总包企业发起农民工工资支付申请，并将农民工姓名、数字钱包编号、身份证号、发放金额等信息上链存证，总包企业根据链上资金申请，通过智能合约技术，将工资款以数字人民币形式，从总包企业的数字钱包流转至分包企业的数字钱包，最终穿透支付至农民工个人的数字钱包。

在工资款支付过程中，分包企业仅有查询权限，无法截流、挪用工资款。通过区块链系统"穿透式"发放，极大简化了中间发放环节，显著提升了工资发放效率，避免分包企业拖欠、克扣工资款，从而保障了农民工的合法权益。农民工工资数字人民币穿透支付业务的成功落地，形成B端、C端数字人民币工资支付、收款全链条业务流，为拓展数字人民币应用领域、促进数字金融体系的形成、保障农民工工资及时足额发放做出了积极探索。

3. 促销费满减红包

为进一步活跃新区消费市场，带动雄安新区服务业增收增利，雄安新区开展"促消费，惠民生"数字人民币消费补贴活动，重点面向家电、家具、餐饮、商超类消费领域，发放满减数字人民币红包和消费券。

其建立融合多个银行服务能力的数字人民币推广活动统一入口，创新开发建设"雄安新消费APP"，实现消费者数币钱包实名制核验、补贴一键领取、支付交易数据实时上链等功能。不仅能实时监测预警，动态评估补贴投放和数币推广效果，还可基于智能合约建立资金直达机制，精准限制补贴用途，核实申请资格，防止骗补等现象的发生，实现财政资金定向支付、专款专用。

此活动首次探索建立数字人民币消费积分激励机制，持续培育数币生态。在雄安新消费APP使用过程中，将红包领取和消费行为上链，通过智能合约计算为消费者合理派发积分。区块链保证数据真实性、积分计算正确性、公平性，以及积分兑换合规性。

区块链+数字人民币统一平台能达到事前灵活调整消费补贴活动规则、事中精确监控资金流向和补贴资金使用效果、事后留存消费者流量持续培育数币使用生态的目标，对于数字人民币推广具有典型示范引领作用。

5.7
区块链建立产业生态推进数字产业化

在数字空间里将产生"新土地""新劳动力""新资本""新技术"。比如，社区、社群等类型的"新土地"；7×24 小时在线的"客服机器人"等"新劳动力"；数字货币等"新资本"；区块链、算力网等"新技术"。传统生产要素在数字空间里的新形式必将带来新价值，也必须为之制定新规则、采用新模式。

在"十四五"规划中，区块链首次被纳入七大数字经济重点产业之一，迎来巨大的发展机遇。区块链通过其自身技术优势显著加速数字经济发展，推动数据要素高效流通，促进"新基建"主体多方协作，并加速推动产业数字化转型，实现与实体经济深度融合发展。

区块链促进数据赋能实体经济形成新业态，其自身的产业化同样不可忽视。以新型基础设施模式建设并部署城域区块链，能集约化供给区块链服务，快速支撑开发、测试并提高运管能力，包括区块链底层系统、BAAS系统及相应的运营、运维系统等，这是区块链这一新兴数字技术产业化的重要路径。将城域区块链作为城市基础设施来建设和运营，一方面能培育壮大区块链服务运营商，很好地承担区块链作为数字产业化枢纽的作用；另一方面能拓展更多的基础数字服务，比如，数字身份服务就是一个以区块链技术为核心的基础数字服务，包括个人数字身份及其下的个人数据账户与企业数字身份，以及其下的企业数据账户，这样的数字身份服务既能给数据主体提供充分的数据自主权，又能给数据监管方提供抓手，具有较大的市场应用空间。同时将区块链技术相关的各类企业、机构聚合在一个有活力的生态群落下，包括数字技术相关的专用硬件制造、云计算、网络安全、区块链底层技术、物联网、区块链应用、区块链运维等研发、应用与服务机构，以及延伸到区块链教育培训、区块链媒体等领域，使其在生态群落中找到各自恰当的位置，发挥各自的优势作用，共同成长，共同推进数字产业化，城域区块链数字产业生态如图5-5所示。

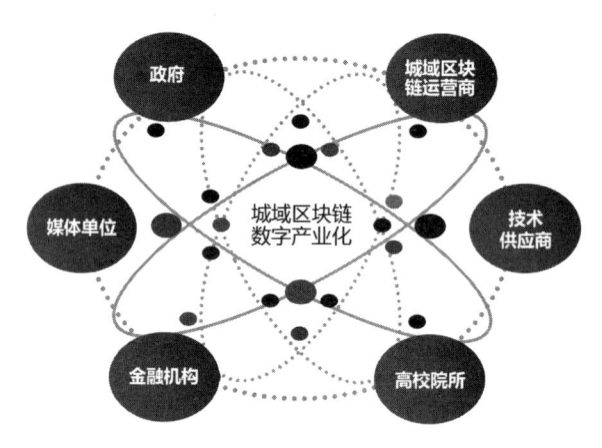

图5-5　城域区块链数字产业生态

综上，区块链基础设施集约化地提供区块链服务，能汇聚大量的区块链创新应用，真正实现大规模的数据互通与业务联动，产生数据汇聚效应；以区块链服务运营商为核心，聚集各类软/硬件服务机构，形成上下游产业化的生态群落；通过应用统筹、数据汇聚、机构汇集，迸发新的创新力量，拓展更新的数字服务，从而推动区块链数字产业化更进一步，形成良性的产业生态。

小结

区块链技术既是数字经济的重要组成部分，也是推动数字经济发展的重要力量。数字经济的核心要素就是数据，区块链可以作为调准、校正经济数字化进程的关键性底层技术。利用区块链技术可以打破数据孤岛，使数据资产安全有效地流通和共享，真正实现数据的价值化。经济组织形态将从单一中心化的垂直信任关系向多中心化的分布信任关系转变，再到通过弱信任/零信任环境中的点对点交易实现信用社会的形态转变。互联网将从"信息互联"过渡到"万物智联"时代，区块链以数据确权、数据鉴权来监督数据的规范使用，将是以数据为核心的数字经济形态的基础。

区块链技术应用和产业融合正处于快速发展阶段，城域区块链通过其自身技术优势，推动城市数据要素高效流通，促进城市运行新要素多方协作，必将推动数字经济发展与产业转型升级。雄安新区依据区块链思维，基于城域区块链基础设施建设数字政府，设定基本的数据规则，开放政务数据，引导社会各方基于城域区块链基础设施建设各类数字化系统，努力进行产业数字化转型，激发雄安新区经济创新发展活力，打造高质量发展的全国样板。

第6章

城域区块链与
数字城市安全

数字城市在构建万物互联、虚实共生、高度智能、自我学习未来美好图景的同时，也对网络安全、信息安全、隐私保护提出了新挑战，这其中既有新技术应用伴生的新型安全风险和问题，也有数字城市新发展模式带来的安全新需求。本章重点介绍城域区块链在解决数据要素安全流动、隐私保护、数据自主和数字身份安全等方面所发挥的积极作用，以及城市链网自身安全如何加以防护。

6.1
数字城市安全新特点和新挑战

数字城市建设充分运用物联网、5G通信、云计算、大数据、人工智能等新一代信息通信技术（ICT），基于云、网、端的数字基础设施体系，实现对各领域、各行业、各要素的全域感知、精准预测与实时反馈。端侧对城市泛在感知，深度刻画城市运行体征状态；网侧形成无缝高速网络，提供低时延的数据传输通道；云侧形成普惠算力，高效地提供城市的运算、决策、调度能力。这些不断出现的新技术在为数字城市提供发展动能的同时，也伴生新的安全风险，引出新的安全需求。

1. 安全问题更加复杂

数字城市是一个庞杂多维的巨系统，涉及政务、经济、民生等多个领域，融合公共服务、工业、农业、金融、能源、交通、医疗、教育等多个行业的业务。跨部门、跨行业的业务系统相互连接与协同应用，使安全问题相互交织，单个安全问题的出现往往会牵一发而动全身，复杂性超出单一系统或有限关联系统。

2. 新技术潜在安全风险尚未显露

数字城市在运用 BIM、IPv6 网络、城市物联网、人工智能、车路协同与自动驾驶等新技术时，对其潜在的安全风险了解还不甚全面，对单项技术安全风险的防范还可以根据其原理进行预先部署，应对多技术融合带来的未知安全风险就需要新的安全理念和保障体系。

3. 数据安全尤为突出

城市存储着国家、政府、个人等核心数据资产，其数据安全密切关系到国家和社会的稳定运行。随着数字经济的发展和数字政府的深入推进，政府、企业、个人等多主体的数据在极速增长，各类数据流通与交互越来越频繁、呈指数级增长，随之而来的数据安全问题也日益严峻。如何在数据生产、利用、流通、交易过程中妥善保护个人、企业及政府数据安全，是数字城市建设过程中必须要解决的问题。

4. 数据开放共享与隐私保护的矛盾

数据要素化要求数据必须开放共享，海量城市数据的开放共享还必须遵循隐私保护原则，要解决数据在共享过程中的存储、传输及使用中的隐私问题，要明确数据权属，确保充分授权方可被共享。数据开放共享的需要与隐私安全要求之间始终存在着博弈，如何平衡好这一矛盾也关系到数字城市的可持续运行。

　　数字新技术的引入和数据大规模共享应用带来的安全风险对数字城市的安全管理提出新的挑战，需要有新的监管措施和新的方法理念，对跨部门、跨业务的数据风险识别、监测、预警与处置全方位的能力需要统筹建设，数据安全监管体系需要构筑得更加完备，应对数字世界风险和应急事件的处置能力需要更加超前。这些新的挑战势必带来安全技术的重组与创新。

6.2
城域区块链保障数据安全可信流动

　　数据成为生产要素是数字城市的基本特征，数据通过动态流动创造价值、提高数字政府治理能力和数字经济活力，但同时也会面临数据窃取、隐私泄露等安全问题。

　　数据要素化需要更全面的安全保障。数据安全流动是数字城市可持续运行的基本保证。在数据共享过程中，如果缺乏一致性的身份认证技术、访问控制技术、实时评估机制和审计追溯机制，就会引发重要数据泄露或流失。传统建设模式下，实现身份认证、数据传输加密、授权访问控制、行为审计追溯等功能需要集成多种安全产品，随着新的数据共享需求持续增加，系统将变得更加复杂，更加难以维护和使用。出于对安全和隐私保护的担忧，为了规避风险，往往在数据共享和交易中采取非常谨慎的策略，导致数据共享审批流程长、时效性差。另外，由于数据监管手段跟不上、权责不清、审计不透明，很多问题没有准确界定，在一定程度上增加数据流通的担忧，限制数据交换的广度和深度。

为了保障数据流动安全，需要正确理解认识数据特性，把握数据安全特点，建设安全保障体系，切实保障数据参与生产过程各环节安全。数据要素流动的安全包括数据源头真实性、数据交换的安全，以及对数据所有权保护。因此，急需在数据共享交换方式、方法上寻求新的技术突破，以解决上述问题，而区块链带来的理念和手段正是最合适的技术选型。城域区块链可以从源头确保数据真实性，保证数据记录未篡改和可追溯，实现多方数据确权与数据受控共享。

城域区块链支撑数据要素的价值兑现。区块链技术在数据安全共享交换方面有着天然的优势，是数据共享交换的理想工具。利用区块链技术去中心化、公开透明、不可篡改的技术特征，能从数据获取层、存储层、控制层和共享层等多个层面构建数据内容、级别、授权和使用一体的安全保护解决方案，确保数据完整可信，完成数据确权并实现公开透明的审计和监管，促进数据共享和交换，发挥数据资产最大效能。在数据获取层，数据生产者对数据收集内容、形式和目的等具有知情权；在存储层，采用传统数据库管理系统、云存储和分布式存储系统等方式存储数据，并采用加密技术对数据进行加密来保护数据安全和隐私；在控制层，由区块链执行去中心化的访问控制，使任何数据访问情况都被记录在区块链上；在共享层，通过授权访问实现数据共享并对共享关系进行保护。其对数据要素价值实现的主要作用如下。

1. 界定数据权属，完成数据确权

数据确权是数据开放共享和价值流通的先决条件。区块链通过密码学公钥对机构用户的身份进行认证，通过数据指纹对数据进行标识，再利用数字签名完成身份与数据绑定，最终通过区块链共识网络实现用户的安全接入、发布验证和权属认定。

2. 维护数据完整，保证数据可信

区块链通过计算不可逆的哈希（Hash）算法能够有效保证数据的完整性，防范数据泄露。区块链数据库不可篡改的本质和时间戳、数字签名等技术特点，能保护数据不被篡改、不能伪造。零知识证明、同态加密、安全多方计算和可信执行环境等隐私计算技术，能确保用户数据传输、计算等过程中的隐私受到保护。同时，区块链的分布式特性对每份数据均进行了备份，对单一或少数几个数据库的攻击或毁坏并不会影响整体数据的使用，保证数据的可用性。

3. 促进价值交换，改变共享模式

在基于区块链的数据共享交换模式下，数据发布者和数据使用者之间可在链上实现数据交易，不需要第三方的介入。数据发布、授权、使用等过程均透明地记录在区块链上，实现数据共享流动的民主化和透明化监督，数据审计更加可信和高效。

在赋予数据价值的情况下，区块链实现支付清算等环节的自动化和实时化，有助于建立数据交换价值网络。激励数据发布者提供更有价值的数据，激励数据使用者按需获取所需数据以提供更好的服务，通过市场化的方式促进数据交换，革命性地改变数据共享模式。

6.3 城域区块链助力实现数据自主和隐私保护

在当前互联网背景下，用户作为数据生产者，缺乏对数据的自主权，用户隐私易受侵害。在传统的数据获取和数据共享过程中，由数据收集者制定数据使用协议并据此告知用户数据收集、共享和使用等信息。用户作为数据生产者，对数据的知情权和控制权受限于法律约束和第三方信用背书。然而，由于用户对数据获取和利用的过程对外不可见，对第三方契约履行情况无从考证，导致隐私泄露问题难以避免。

2014年皮尤研究中心关于美国隐私状况的报告指出，91%的受访者认为他们已经失去对数据收集者收集和使用个人数据的控制，61%的受访者对不了解数据收集者如何使用个人数据感到沮丧；《中国网民权益保护调查报告2016》显示，84%的网民对个人隐私泄露带来的不良影响有深切的感受。

区块链技术赋予用户真正的数据自主权。企业和个人信息将成为用户自主掌控的数据资产。用户可以在数据流转和交易中真正获益，使自己的数据不再是互联网平台的免费资源。区块链技术从根本上打破中心化模式下数据控制者对数据的天然垄断，赋予用户真正的数据隐私保护权。

城域区块链可提供一种全新的自主可控数据隐私保护方案。用户数据经密码算法保护后存储在分布式账本上。身份信息与谁共享、作何用途均由用户决定，只有经用户签名授权的个人数据才能被合法使用。通过数据的全生命周期确权，数据主体的知情同意权、访问权、拒绝权、可携权、删除权（被遗忘权）、更正权、持续控制权得到更有效的保障。

区块链不可篡改、信息透明等特点从机制上确保任何想要获得用户数据的行为都需要获得用户自身的授权，从而保障用户的数据确权和价值归属。依托区块链技术构建数据底层存储协议，将文件拆分为若干大小相等的文件碎片，并将碎片及相关文件的哈希值分布式存储在不同的数据库中。未得到授权时，他人无法通过哈希值单向破解原文件内容；即使通过枚举等方式暴力破解，也只能得到原文件的部分内容。且同一哈希值会被备份存储于多个数据库中，当权利人请求访问时，协议会自动计算并调取最短路径数据库中的内容；而当一个数据库损毁时，备份存储的方式也能尽可能保证原文件的完整性不被破坏。

6.4
城域区块链构建可信数字身份

数字身份是物理世界主体在数字空间的唯一标识及身份属性的证明,其在数字城市场景应用中的大规模嵌入实现城市数据的账户化治理,为构建原生安全互联的城市数据体系提供基础保障。数字身份能让数据主体突破应用系统间的数据孤岛,使主体以账户的形式对所有接入数据进行统一授权管理。

为满足和数据安全与隐私相关法律法规、制度办法所规定的数据权益要求,数字身份要具备匿名性、可控性及开放性。匿名性指通过数字身份无法直接识别数据主体的身份及相关信息;可控性指身份及数据的调用需要在个人知情同意授权下完成;开放性指数字空间应用应能够开放接入数字身份,并通过数字身份在主体授权下合规使用数据。

区块链是构建符合以上要求的数字身份体系的必要基础设施。身份码、数据账户、开放应用支撑是数字身份体系的三个核心要素。身份码要实现多监管主体身份的发放及互认;数据账户实现多应用主体数据的分布式接入及隐私计算;开放应用支撑为数字空间应用提供标准化接入流程,使应用能够低成本使用数据,并在此过程中进行追溯。这意味着数字身份体系需要实现跨主体、跨应用、跨区域间的分布式连接、调度、监管,区块链是唯一能够实现这一复杂系统的可行技术路径，区块链基础设施能大大降低这一体系的实现成本。

传统数字身份，如CTID、eID及各区域、领域发放的"码"，仅能实现身份本身的验证（实名认证、实人认证），并不具有数据账户的功能，更无法实现个体对数据调用的知情、同意、授权。由于数据治理能力的缺失，传统数字身份无法为数据安全与数据要素流通提供支持，只能作为有限场景实体身份证的替代。

雄安新区数字身份体系定位为建立全域数字化标识及数据账户的关键安全基础设施。雄安新区数字身份体系可以完成对"人、财、物、事"不可篡改的标记，可以实现身份主体的可信认证和可信标识及各类标识之间的有效交互。雄安数字身份基于城域区块链基础设施，以居民数字身份为先导在行业应用落地、标准制定、法律法规建设等方面开展诸多实践。

雄安"区块链+数字身份"在个人身份信息上建立个人数据账户体系，解决规模化身份服务与安全隐私之间的问题，实现个人数据授权使用与证明，打造城市数据安全治理新模式和市民生活新体验。"区块链+数字身份"可以实现自然人身份主体的可信认证和可信标识，以及各类标识之间的有效交互，为跨链操作和链上数据隐私提供软件模块，同时为雄安打造数字身份产业生态链，以及创新服务数字政府和数字经济创造良好的基础。具体体现在以下三个方面。

（1）雄安数字身份"一码通行"。雄安数字身份码是雄安新区管委会联合国家网上身份认证基础设施，根据身份证与户籍信息签发的个人数字空间唯一标志，同时能对个人进行实名认证。大众在雄安公共服务及接入的互联网应用中能够一码通行，即新区所有公共服务及应用都通过该码进行办理，无须其他物理证件。雄安数字身份码形成国家网上身份认证码与区块链码相结合的编码方式，既能兼容国家基础设施的法定身份验证，又为区块链应用所需的多维数据身份服务预留扩展空间，在此基础上形成面向个人用户的数字身份状态管理、载体管理、基础身份验证及个人授权管理服务。

（2）个人身份数据账户"数据随行"。个人身份数据账户以数字身份码连接雄安公共服务中各委办局、企事业单位、卫生健康机构个人身份相关数据，通过"还数于民"，让百姓自主授权各自数据的使用，形成以个人为中心的新型数据治理，做到"一码在手，数据随行"，办事无须提供其他辅助材料。去中心化的数据接入与身份属性证明，使数字身份成为个体数据账户的总入口与主索引，同时提供数据源不泄漏前提下的个体身份属性的证明，高度融合数字身份服务与区块链数据服务。

（3）数字应用账户"安全同行"。数字应用账户能为互联网应用分发匿名标识，使互联网应用无须收集个人数据，并能在个人授权下对其进行身份与身份属性的验证，整个过程数据"零拷贝"，做到"一码在手，安全同行"，个人数据不再泄漏于互联网应用中。通过将身份服务封装为区块链基础智能合约集，使数字身份成为所有数字空间应用的根账户，并通过智能合约为应用提供注册、身份发行、身份验证、数据验证等开放服务。

6.5 构建更安全的城域区块链基础设施

安全是区块链的"立身之本",是区块链落地的第一要素。区块链技术特有的去中心化、分布式等属性,能保证数据的一致性和不可篡改,具有一定的内生安全性,但这并不意味着区块链技术本身就是安全的。在区块链技术安全范畴中,既有"传统"信息系统面临的拒绝服务攻击、代码漏洞等安全威胁,也包含区块链独有的安全风险点。中国人民银行于2020年2月发布《金融分布式账本技术安全规范》(JR/T 0184—2020),阐述安全要求的各个方面,规定金融分布式账本技术的安全体系,包括基础硬件、基础软件、密码算法、节点通信、账本数据、共识协议、智能合约、身份管理、隐私保护、监管支撑、运维要求和治理机制等方面的内容。

城域区块链是多链互联的链网体系,不仅要考虑单链的安全,还要综合考虑跨链互通的安全,考虑与其他信息系统数据交换的安全,其面临的安全威胁更加复杂。基于城域区块链技术体系安全分析,城域区块链主要从以下6个方面进行突破,构建更加安全的城域区块链基础设施。

1. 基础环境安全

计算资源、存储资源、网络资源及操作系统、中间件等是区块链软件运行的基础环境，基础环境安全是区块链运行的前提。基础环境安全问题会导致数据丢失和泄露等安全风险，如未经授权的区块链存储设备访问和入侵，针对区块数据和数据文件的窃取、破坏，链上数据存储的一致性问题等。

雄安城域区块链构建区块链可信执行环境，提供软/硬件一体化的强隐私、高性能、高安全的区块链技术服务，满足安全可信、快速部署需求。一是构建基于可信环境的区块链可信一体机，支持以可信一体机为载体的一站式节点创建、节点组网，满足区块链节点的快速部署、接入和数据隔离。二是建立包括可信硬件基础设施、可信操作系统及可信区块链软件的可信链体系，保障执行环境的全程可信化。三是基于身份即标识的密码系统构建区块链一体化管理平台，实现对可信硬件基础设施、可信操作系统及可信区块链软件的统一管理。

2. 智能合约安全验证

区块链系统的重大安全事件在各个层级都有可能出现，但超过90%的安全事件集中在智能合约和业务应用上，且造成超过98%的损失。智能合约安全问题是区块链生态安全的核心问题，由于智能合约缺乏统一规范，且编写者的能力参差不齐，导致智能合约在实际应用中存在诸多漏洞。攻击者往往选择从成本相对较低的智能合约层和应用层作为攻击区块链系统的切入点。

要保障智能合约的安全性，需要改变以人工审计方式为主的现状。不但要为开发者提供安全编码的开发环境，还必须提升现有安全检测和验证工具的能力，实现高效率、高可靠性的自动化安全审计，才能全面提升智能合约开发和安全审计的效率和质量。为此，雄安城域区块链实现安全智能合约开发和审计工具，以保障区块链智能合约的业务正确性、代码安全性，为智能合约的设计和开发人员提供安全手段。

一是构建安全开发、安全审计为一体的安全开发和审计框架，形成可扩展的安全智能合约开发环境，提供从智能合约的创建、编辑、编译、调试到部署的全流程安全检测能力。

二是实现基于形式化验证技术的漏洞检测方法。针对符号执行技术的检测效率低、检测代价高的问题，针对常见的整型溢出、权限控制、Call注入、重入攻击等智能合约漏洞，提供准确率高、误报率低的自动化漏洞检测和安全形式化验证方案。

三是提供一套高度自动化、可扩展的智能合约安全形式化验证工具。使用模块化分析技术，形式化定义系统行为，综合使用前沿的符号模型检测、定理证明等多种形式化验证技术，构建一套高度自动化、可扩展的智能合约安全形式化验证工具，自动验证多用户交易过程中智能合约的可靠性和安全性，以及智能合约需求文本与代码的一致性。提供面向多区块链平台的、从合约源码到目标码的、完备的多层次形式化验证服务，全面验证智能合约的安全性和功能正确性。

3. 链上数据隐私保护

区块链上的数据隐私问题随着区块链应用的扩张而逐渐凸显，区块链的匿名性为用户提供隐私安全保障的同时，也使攻击者更容易利用这一特点来进行有害信息的传播。区块链不可篡改、公开透明等特性也为网络黑客留下攻击缺口。由于区块链数据存在公开透明、无法篡改、可追溯等特性，攻击者能够轻而易举地通过一些关联性的区块链地址对多个交易进行融合分析，得出交易的时间、地点、场景等数据，总结出用户的行为模式，获取关于用户的隐私数据，进而从中牟利。目前，全球主要国家在推进区块链发展的同时，都开始加快在区块链内容监管方面的政策与法律框架规划和制定。

城域区块链针对日益凸显的链上数据隐私保护需求，基于国产密码算法体系，实现对链上数据的隐私保护，包括内容隐私和身份隐私。一是内容隐私保护。内容隐私主要包括链上交易数据相关的账户信息、交易详情等，以同态加密和零知识证明等密码组件为技术工具，设计账户模型下可证明安全的机密交易系统通用构造框架，确保数据隐私。二是身份隐私保护，主要针对区块链用户在现实生活中的自然人身份保护。以零知识证明为技术工具，在机密交易系统的构造框架之上进一步加强，保护身份隐私，避免区块链用户身份的泄露。三是实现在隐私条件下的合规审计机制，使审计者能够对可疑交易进行细粒度的审计，确保区块链上的数据的流通使用既支持隐私保护，也满足监管要求。

4. 跨链安全保障

不同的区块链底层往往会采用不同的数据存储结构、加密算法、共识机制，这将导致跨链交易中异构链交接与交易合法性证明存在困难，不同来源的数据在跨链系统中还会涉及信息传递路由与数据安全的问题。因此，实现异构区块链的快速接入、对跨链交易进行可靠传递和可信验证对跨链应用至关重要。

雄安城域区块链建立新型跨链体系，实现应用链间的同构/异构跨链，以及实现区块链之间数据共享与业务协同。一是研究新型区块链跨链架构，支持多条同构/异构区块链间的资产流通与合约调用。二是建立通用标识方案与高效跨链传输协议，定义跨链数据的格式规范，跨链资源的全局唯一性标识及信息在链间的可靠传输，保证数据在区块链间的可信传递。三是提出安全高效的跨链消息验证机制，实现对现有区块链系统的桥接转换、协议适配和构造存在证明，包含基于多签名的预言机数据验证机制、基于默克尔树的跨链交易验证机制等多种方式。四是实现跨链事务处理机制，设计不存在单点依赖的跨链资产流通与合约调用协议，保证在异常情况下资产流通与合约调用的原子性，实现跨链事务的提交和回滚等。五是加入跨链治理机制，设计跨链体系的准入机制、互操作许可、访问控制规则，实现跨链体系的权限可控与监管可用。

5. 预言机安全

预言机是连通区块链与外部系统的"中间件"，是区块链网络与其他现实世界系统保持数据、信息沟通的"桥梁"。预言机将其他信息系统的数据转换成区块链可读、可用的数据，并提供给智能合约，智能合约判断现实世界中的事件是否发生，从而裁定是否执行代码。这种方式实现区块链与外部系统之间的上/下行数据交换，保证区块链的可信赖性和透明性。但是，如果输入的数据是错误的，就会给链上用户带来巨大的损失。

城域区块链设计区块链系统与现有信息系统双向数据可信交换方案，开发用于数据交换与应用协同的预言机，并提供针对不同结构区块链的预言机智能合约实现方法。一是提出非可信执行环境下分布式上/下行预言机技术及治理方法，实现在非可信执行环境下中心化系统与区块链系统之间的可信数据交换，通过分布式集群的方式，实现容错性可动态调整的容错机制。二是实现基于硬件设备的预言机及数据传输机制。构建基于可信执行环境的区块链预言机服务，并通过链上数据合约、外部数据源合约提供安全可信的数据查询和调用服务，解决智能合约需要可信访问外部数据及与外部系统交互的场景。三是引入预言机出现故障后链上智能合约逃生机制。采用预言机与链上智能合约的松耦合设计，实现预言机失效后，智能合约可立即中断错误任务的执行或切换至其他可信预言机。

6. 安全测评

由于以上安全问题的存在，区块链系统在上线以前必须通过第三方的安全审计。考虑到新的安全攻击经常发生，即使在上线以后也要做定时的安全监测。在新的智能合约或者新的应用上线前，必须进行安全检测。在运维过程中，需要用一系列工具检测区块链网络的运行状况。

安全测评是雄安城域区块链作为数字城市基础设施安全运营的重要保障。雄安区块链实验室建立区块链安全平台，在传统信息安全研究成果基础上，从区块链安全性测试、智能合约安全检测、安全监测分析防护等多个维度，以主动+被动的接入方式，为区块链服务商、区块链应用建设部门、测评机构、监管单位提供区块链安全检测和评估服务。

数字城市基础设施的运行一刻也不能中断，要支撑城域区块链安全、稳定、高效运营，必须要提升数据授权精准化、安全审计智能化、风险处置实时化、安全能力可视化、安全管控一体化能力。通过建设上述安全防护能力，结合城域区块链分布式安全体系及安全管理制度的有效执行，能为城域区块链安全运营提供动态闭环的安全风险管理，为落实数据安全管理制度规程、实现数据安全防护的总体目标提供技术手段和工具。

小结

在以数据要素驱动的社会中，网络与信息安全的主阵地从传统的网络边界转移到其承载的内容和数据上，保护数字城市安全的主要途径从保护和管理各类信息系统安全转移到赋予用户身份、实现数据自主与隐私保护，以及数据安全流通等方面。用户缺乏可信数字身份、没有数据自主权和隐私泄露风险是数字城市网络安全的主要矛盾，传统的安全方案已不能有效解决。区块链建立全新的信任与协作关系，驱动数字城市由信息互联向更高阶的安全可信的价值互联转变。

雄安新区在数字城市建设中，依托城域区块链基础设施，建立可信数字身份，实现数据自主和隐私保护，使数据权属更加明晰，数据更加真实可信，促进数据的可信共享与安全使用，有效防范数字城市所面临的新型安全风险。同时，为保障城域区块链的稳定运行，在基础运行环境、智能合约安全、链上数据隐私保护、跨链安全及安全测评等方面建立综合性安全保障体系，确保其作为数字城市"生命线"的基本安全。

第 7 章

区块链构筑数字文明基石

《尚书·舜典》有："浚哲文明，温恭允塞"。《尚书注疏》[1]有 "经天纬地曰文，照临四方曰明"。文明是人类文化和社会发展的新阶段，人类社会发端以来，人类文明就开启了漫长的演进过程，每一次文明的更迭都代表着思想意识的重塑和社会形态的变更。在文明演进的过程中，科学技术成为推动文明发展的根本力量，在通往数字文明的道路上，充分地创新并"善用"包括区块链在内的各类数字技术之利，以谋求人类共同福祉。

本章探究数字文明的内核，即数字信任、科技向善与共享社会；以此为背景，阐述对区块链技术作为数字生产工具及区块链思维作为方法论的新认知。乐观而不失谨慎地预测，在未来十年里，区块链必将在促进数字经济发展、提升社会治理水平、践行科技向善理念等领域发挥更大、更重要的作用。

7.1
数字文明时代正在到来

数字化发展已成为当今社会大势所趋，数字技术正以新理念、新业态、新模式全面融入人类政治、经济、文化、社会、生态建设等领域和全过程，给人类生产、生活带来广泛而深刻的影响，人类数字文明新时代将由此开启。

---

[1] 汉·孔安国注、唐·孔颖达疏

7.1.1 拉开数字文明新时代的帷幕

由生产力和生产工具的巨大变革导致的社会关系的全方位变化，是一个社会文明形态形成的核心和决定性因素。在人类从原始社会发展到农耕文明、工业文明的过程中，科技是人类进步的主要推动力量。科技的发展可以减轻生产者的劳动强度、降低生产成本、提高生产效率、丰富商品种类、提高生活质量。古代农业科技，包括农作物种植技术、家畜养殖技术、水利工程技术、天文气象技术、手工业技术等孕育了农耕文明。农耕文明的主要生产要素是劳动者和土地。工业文明是以大规模机器生产为重要标志、机器大生产占主要地位的一种现代社会文明形态，在这个时期，蒸汽机技术、电气技术、微电子技术促进人类社会快速进步。工业文明的主要生产要素是资本和工业技术。

人类经历农耕文明和工业文明后，科技对文明的推动力更加明显，文明演化也走向快车道。进入21世纪以来，不断涌现的新科技正深刻地改变和重塑着人类社会的存在形态和运行模式，一种全新的人类文明形态——"数字文明"悄然来到。"数字文明"是继"农耕文明""工业文明"后的第三种文明形态，科技塑造文明如图7-1所示。

在数字文明时代，数据成为核心的生产资料，人工智能、大数据、云计算、物联网、区块链等数字技术成为主要的生产工具，其生产方式主要是网络化、数字化与智能化的深度融合。它为世界带来全新的技术、理念、思维和模式，并将深刻影响和变

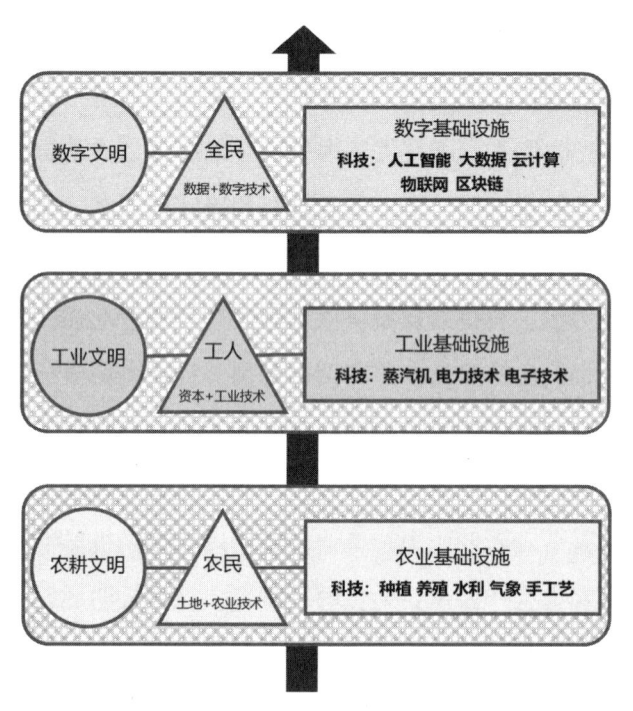

图7-1 科技塑造文明

革人类社会的方方面面。数字文明是数字技术推动下有别于工业文明的人类发展新进程，是全球参与、全民共享，技术向善的总和，有望在利用技术进一步提高生产和协同效率的前提下，发现世界的"第二曲线"——通过对人类生、产生活的内容与过程进行全方位的数字化，逐步建立一个与整个现实世界相映射的、互动的"数字世界"（"数字孪生"）。数字世界将始于对现实世界的复制，并在此基础上进行更高效的内生和演化，这个新的数字世界将在下一个文明周期中，时刻影响人类社会的生产方式、分配模式和生活形态。

7.1.2 探究数字文明的内核

当下,数字文明虽然正处于萌芽和孕育的阶段,但是在不断涌现的数字技术与数字秩序浸染下,人们逐渐对数字文明的内核形成一种认知,将数字文明的本质特征聚焦到数字信任、科技向善与共享社会[1]。

数字信任:在农耕文明和工业文明时代,社会信任主要靠人际信任(依据人与人之间的亲疏远近关系形成的差异化信任关系)和制度信任(基于对规则的相同理解和信任而建立的普遍的信任关系)维系,数字文明时代中的信任关系则主要依赖数字信任。数字文明时代的信任关系不仅存在于人(自然人与法人)与人之间,也必然延伸到人与物(机器)、物与物之间,通过网络在数字空间的交互行为和数据交换是超大数量级规模的,并且这些交互与交换绝大多数是跨机构、跨地域/国家、跨系统的,因此这种超大规模的数字信任需要可信的数字身份、高质量的数据及安全的计算环境。基于此建立的新型的数字信任关系,是人际信任和制度信任的拓展,是可信数据交互与交换的前提要求,构建人与人、人与机器(技术和平台)、机器与机器的信任关系,各方相信数字空间的软/硬件(算法与技术平台)及承认数据的可靠性、安全性和高效性。数字信任对信任关系的产生和维系进行革命性

---

1 《块数据3.0:秩序互联网与主权区块链》,大数据战略重点实验室,中信出版集团,2017;《块数据5.0:数据社会学的理论与方法》,大数据战略重点实验室,中信出版集团,2019;《科技想要什么》,[美]凯文·凯利,中信出版集团,2011

改进，将人际信任、制度信任与技术信任融为一体，使政府、个人、企业和机器建立对于数据的信心，支撑数字文明社会活动的所有要求，是信任关系更高级的形态。

科技向善："止于至善"是人类发展追寻的最高境界，科技作为工具承袭开发者和使用者的价值判断，从这个意义上讲，科技也是在追求止于至善，科技发展所带来的社会进步就是科技"善"的体现。在"野蛮生长"的数字化发展早期，技术创新与使用多被私营部门因利益驱动和掌控，因而科技往往就成为掌控者谋取私利的工具，当私利和公利发生冲突的时候，受损害的往往是公利和技术弱势群体。因此，在数字文明时代，对数据的收集、存储和使用需要有所约束，对利益实体之间的技术竞争需要有所制约，对数据的使用需要有特定的准则。除了依赖相关法律法规和政策措施的约束，还需要制定相应的技术标准来对数据的质量和使用进行控制，构建一系列协议来对数字技术（如人工智能技术等）的使用过程进行规范，即用"技术监督技术"让"算法成为监督者"，从而建立数字时代的基本秩序，使信任关系更加牢固，保障社会的数字文明发展。

共享社会：数字文明时代在科技向善的推动下，在普遍的数字信任基础上，人们必定将"利他和利己"结合，建立"你中有我、我中有你"的数字共同体格局。共享社会首先是生产要素的共享，包括数据、资源、能力等，在数字形式的有效组织之下，提高有限要素的利用效率；同时，共享社会不仅是资源的共享，更是发展成果的共享，各领域的发展成果为全体民众所共享。推动各领域各地区的共享发展不仅体现在本国，也体现在全球。通过共享真正实现资源的共享和优化配置，解放生产力，推动可持续发展，从而实现社会公平正义、国家间协调发展。利他的数据文化是数字文明时代的主流数据文化，其让生产要素与社会发展成果通过数字化的组织和共享分流到全体大众，实现共同富裕及人的全面发展，即更高层次的共享。

7.1.3 顺应数字生产方式变革

数字文明是人们向往的更美好的社会形态，随着互联网技术的日新月异，我们逐渐清晰地认识到数字技术的变革所承载的数字文明理念，它既反映着新技术、新观念、新模式的变化，又体现着数字化转型发展对社会生产、人类生活、社会经济形态、国家治理等方面产生的深远影响。2021年世界互联网大会乌镇峰会围绕"迈向数字文明新时代——携手构建网络空间命运共同体"这一主题展开交流，提出"数字技术正以新理念、新业态、新模式全面融入人类经济、政治、文化、社会、生态文明建设各领域和全过程，给人类生产生活带来广泛而深刻的影响"，要求我们既要有对数字技术的追求与崇尚，也要有数字文明的涵养与修为。即在迈进数字新时代的征程中，既需要数字生产力得到充分发展并做出长足的贡献，也需要运用新的理念构建有益于数字文明的新型数字生产关系。

1. 数字生产力充分发展，成为社会经济发展的主要动力

生产力是人类征服和改造自然的客观物质力量，"科技是第一生产力"是一个时代发展水平的集中体现。信息技术革命带来智能生产工具的大规模普及，催生数字生产力，使人类改造和认识世界的能力和水平达到一个新的历史高度。在数字时代，数字生产力（其要素包括区块链、人工智能、大数据、云计算、物联网、移动通信，以及正在孕育或未出现的数字技术）的本质是通过"数据+算力+算法"构建与物理世界映射的数字孪生世界，在生产、制造、零售、交通、能源、教育、健康、政务、科技等各领域，创造认识和改造自然的新方法、推动经济增长的模式变革、重构产业分工格局、引领企业构建新型运营体系。不仅大量繁重的体力劳动会被机器所替代，数字生产力更替代了大量重复性的脑力工作。于是，人类可以用更少的劳动时间，创造更多的物质财富和精神财富，进而推动技术变革、经济增长和社会进步。

2. 数字生产关系同步发展，发挥助益数字文明的作用

生产关系是人们在物质资料的生产过程中形成的社会关系，包括生产资料所有制的形式、人们在生产中的地位和相互关系、产品分配的形式等。数字生产关系是在基于数字技术的生产工具快速进步及数据已经成为主要生产资料的前提条件下，在人、数据、智能设备/平台、算法等之间形成具有鲜明数字特征的相互关系，主要是明确各方的数字产权（数权）关系，在综合考量相关主体数据权属和利益的基础上，建立公平、高效且激励相容的数

据价值分配机制体系；政府、企业、个体及社会组织在法律、市场、代码、社会规范的制约下，需要建立有效的数据治理秩序，实现数据效率和数据正义。

"元宇宙"概念的提出和不断发展，为达成最终的数字文明增添了实现路径，其数字镜像、数字原生及数实相生的融合世界观为数字文明提供的阶段性里程碑，必将诞生新的生产工具，形成新的生产协作模式，产生新的生产关系。因此，在数字时代个人、组织、智能设备、算法平台等合作协同的关系上，催生基于数据驱动的自组织模式，实现协作的柔性飞跃。更多的基于程序代码设定的规则、秩序会涌现，保证构建更庞大而且能灵活合作的社会体系结构，在现实世界和数字世界共同发挥作用，促进数字生产力发展。

7.2 对区块链的再思考和再认识

数字技术与数字化转型行业从业者都应思考：以"移、大、云、物、智、链"（移动通信、大数据、云计算、物联网、人工智能、区块链）为代表的新兴技术，在数字文明这一宏大画卷徐徐展开之际，能在其中发挥何种价值，应当如何发挥价值。而身处以"连接、互信、共识、共享"为设计思想的区块链领域，我们更应该深度思考：在数字化转型过程中，区块链究竟能发挥什么作用？如何运用区块链技术更好地服务数字化转型，促进数字文明升级？

7.2.1 工欲善其事必先利其器

数字文明时代是一个机遇无限的时代，也是一个加速创新、不断变革的时代。在数字文明背景下，人类活动与自然活动被高度数字化，人类可以利用数据描摹整个世界，人与人之间的交互转化为人和机器、机器和机器之间的交互，甚至机器有自己的账户，机器之间可以进行点对点的交易。这导致在我们身处的生产、生活环境中，人类智能、机器智能、现实世界、虚拟（数字）世界四元并存的情况将会长期存在。

在数字社会中，数据呈现指数增长、海量集聚的特点，数据的价值愈发凸显。开放共享是数据效能最大化的基础，数据作为新型生产要素，只有流动、分享、加工处理才能创造价值。虽然国家有相应法规、管理办法，但真正做到共享非常难。此外，数据安全是数据应用的基础。要让数据安全流动起来，让大家用得放心和安心，要保护个人隐私、商业秘密、防止诈骗等。在加强安全管理的同时，又要鼓励合规应用，促进创新和数字经济发展，实现公共利益最大化。

在数字文明早期的"蛮荒时代"，互联网企业以各自的方式野蛮生长，胜者为王，形成事实上的中心。为了发挥互联网的积极作用，我们从现实世界中映射一些法律和治理机制于互联网世界中，但效率和效果远不尽人意。在现有的互联网系统框架之下，中心化是提高效率的必然结局，主流的技术资源也会被投入强化中心化的领域，而中心化本来就是排斥多样性和创造性的。中心化的互联网秩序在某些历史时期会提升资源调度的效率，但其违背互联网平等共享的初衷，这种冲突已经严重阻碍信息和内容的自由生产和流动。

在中心化秩序下的互联网环境依靠技术手段去对抗这种秩序的安排，不是不能产生变化，但这种变化可能充其量只是换了国王而已，王位仍然高高在上。网络技术不会万年长青而持续发挥效能，即使是我们奉若圭臬的TCP/IP，现在看起来也并非牢不可破的圣物。但TCP/IP所代表的极简核心原则，会以新的形态继续演化，这和技术本身没有关系，是和技术所处的时代及时代赋予技术的使命有关系，区块链技术及其蕴含的新理念应运而生。

区块链是信息技术最前沿的概念，通常描述区块链最直接的词汇就是"分布式账本"。人类记录数字从简单刻画绘图、结绳记事、文字流水账到单式记账、复式记账、会计电算化，直到区块链的出现提供一种创新的记账形态——分布式共享账本，从而真正实现不可伪造公开透明的记账方式。区块链技术奠定坚实的"信任"基础，创造可靠的"合作"机制，其应用已延伸到数字政府、数字金融、智能制造、供应链管理、数字资产交易等多个领域。区块链技术作为一种新型生产工具，不仅带来生产效率的提升和生产力的革命，而且通过改变组织形态及组织之间的关系来促进生产关系变革。

区块链技术以数据共享、数据增信、数据赋能为激励机制，提供进一步优化四元共生关系的路径：为数据增信进而强化其对应的现实事物的信用，赋予数据延伸的经济价值属性，因此提高生产资料的价值，使数据变成有潜力的新型资产。而当数据越靠近真实世界，我们构建的数字世界就越有力。区块链技术经多年的发展与沉淀，为共识机制、价值传递、相互协同等方面，提供良好的技术逻辑保障，而这正是"人类命运共同体"形成和数字文明发展所必需的环境机制，以及构成可供选择的解决方案的重要部分。

生产工具是一种文化载体和文化现象，是人类文明的重要内涵，它身上包含着人类的智慧、人类的技术，这也同样凝聚着人们的一种思想观念。因此生产工具不仅成为人类物质文明的重要组成部分，而且被打上了人类精神文明的烙印。生产工具的数字化、智能化不仅带来生产效能的大幅提升，同时还极大地改变了人们的思考与决策方式。在通往数字文明的征途中，不仅需要人工智能、大数据、物联网这样以提升生产效能为主要目的的"攻坚利器"，还需要像区块链这样的以坚守初心、巩固并扩大战果的"思维之矛"。

7.2.2 从信息化到数字化转型

一般来说，信息化（Informatization）是指通过计算机信息系统将常规业务中的流程和数据通过信息系统来处理，将技术应用于有限资源或流程来提高效率。而数字化（Digitalization）就是要把物理系统在计算机系统中仿真虚拟出来，在计算机系统里体现物理世界，利用数字技术驱动组织业务模式创新，驱动产业生态系统重构，驱动相关服务大变革。数字化是信息化的进阶跨越，二者的区别如图7-2所示。

从范围看
- 全域系统或流程的整体优化
- 单个系统或业务，局部优化

从思维看
- 客户导向思维
- 管理思维

从数据看
- 数据打通形成数据资产
- 存在信息孤岛

从运营模式看
- 业务的生态协作
- 业务的结果与管控

从业务逻辑看
- 在数字化世界里实现数据到业务
- 线下物理世界为主的业务到数据

从战略看
- 合作共赢战略
- 比较竞争战略

图例：数字化　信息化

图7-2　数字化与信息化的区别

1. 数字化阶段更强调全域系统和流程的整体优化

信息化是单个部门或者机构的应用，体现的是单个系统和业务的局部管理优化，是对原本业务流程中的部分工作环节从线下复刻到线上，起到信息记录、传递的作用，实现了内部系统的联结，但数据仍旧分散在不同的系统里面，跨部门、跨系统、跨地域的数据共享不足，信息工具处于辅助地位。数字化是全程、全时、全域的线上化赋能，联通人、设备、上/下游产业链及内部系统，并对原有业务流程优化重塑，数据在全域充分共享，同时对数据采取必要的隐私保护措施，记录追踪所有的数据访问。因此数字化转型涉及数字生态系统的建设，业务服务方、最终用户、业务合作方、外部实体、内部人员、外部人员，以及各类设备等之间需要形成统一的无缝整合，才可以从整体上为生态内的所有参与者提供更大的价值，提升整个系统的效率。

2. 数字化可形成客户导向思维

（政府/企业）信息化从构建之初，所体现的思想就是一种管理思维。而数字化的核心是要了解服务对象及客户想要什么，是以数据服务需求为导向的。正是因为把以客户为核心的理念通过数字化技术等科技手段实现，才让互联网企业近年来实现急速增长。

3. 数字化将数据变为一种资产

信息化的数据以一种自用、静态的记录形式存在。数字化阶段的数据作为生产要素将发挥更大价值，组织的数据治理和应用能力成为竞争力关键所在。数字化转型要将原始数据转化为可见、可管、可用的优良数据资产，这就对数据治理提出了更高的要求。同时，数据安全风险和隐私保护也需要引起高度重视。只有注重数据安全和隐私保护，才能实现数据从沉睡资源到有效资产的跨越。

4. 数字化强调业务的生态协作

信息化注重的是各环节业务的结果与管控，本质上是对业务结果数据的信息化存储与控制。数字化运用大数据、人工智能、移动互联网、物联网、区块链等新兴数字技术，使得业务流程融入产业生态系统，更加注重产业链协作。

5. 数字化是从"数据到业务"；信息化是从"业务到数据"

信息化阶段是借助信息技术为物理世界活动服务的，主要是"记录你做了什么"，当线上与线下规则发生碰撞冲突的时候，以线下物理世界为主。而数字化阶段，一切的协作、沟通、设计、生产都以数字世界为核心，是要"告诉你重新认识业务"，其中最核心的转变是业务逻辑的数字化，将业务与技术相融合并最终实现智能化。

6. 数字化强调合作共赢战略

信息化时代的企业竞争要权衡企业优势，在比较优势当中一定会有输赢，这是一种竞争战略（零和博弈）。而数字化时代，由于数据资产边际成本几乎为零，合作共赢才能创造更大的客户价值和获取更宽广的生长空间。

信息化是数字经济的上半场，中国在上半场表现非常成功，如互联网、电子商务等有了长足发展并为数字经济做出了巨大的贡献，下半场就是以区块链等数字技术为核心、以数据驱动业务进行数字化转型和升级。目前区块链技术正在成为助力数字化转型的重要核心技术与新基础设施，其对数字化转型的支撑作用大幅展现，正在助力各垂直行业的转型，如图7-3所示。信息化阶段可以不要区块链，但是在数字化阶段就离不开区块链，而且信息化阶段积累的弊端必须靠区块链才能得以解决，区块链必将推动数字化转型从"立柱架梁"到"积厚成势"。

提升公共服务
数字身份、数据存证
城市治理、政务服务
版权保护、智慧城市

促进融通发展
区块链+工业互联网
区块链+云计算
区块链+大数据
区块链+人工智能

赋能实体经济
新产业
新业态
新产业
产品溯源
供应链管理
数字经济模式创新

夯实产业基础
标准引领
底层平台培育质量品牌
强化网络安全
保护知识产权

打造现代产业
研发区块链"名品"
培育区块链"名企"
创建区块链"名园"
建立开源生态
完善产业链条

图7-3 区块链技术全方位支撑数字化转型

7.2.3 从互联网到区块链网络

区块链技术的产生使互联网出现本质变化，分水岭就是从信息传输到价值传输的变化。2017年世界经济论坛发布的白皮书《实现区块链的潜力》指出，区块链技术能够催生新的机会，促进社会价值的创造与交易，使互联网从信息互联网向价值互联网转变。在区块链出现之前的是传统互联网，在区块链出现之后向价值互联网演变，随着应用深入，再推动价值互联网到秩序互联网演进。区块链网络与传统互联网的主要不同之处如下。

（1）互联网解决的是信息传输的问题，而区块链解决的是价值传输的问题。所谓价值互联网，就是人们能够在互联网上，像传递信息一样方便、快捷、低成本地传递价值。如果说互联网让信息透明、信息平等、降低获取信息的成本，那么区块链则是让价值更公平——这是建立在区块链多中心化与分布式数据存储的技术之上的。所以说，传统互联网应用的信息存储方式是中心化的存储方式，实现的是信息的点对点传输。而在区块链时代，参与或贡献数据就会得到相应的奖励与价值，可以实现价值的点对点传输，并且做到人人共识。

（2）传统互联网不必考虑原生信任，区块链具有原生的共识信任机制。信任是很难建立与传递的，因为信任的核心是大家有共识。信息互联网只为交换信息提供服务，其技术体系要想建立/传递信任，必须辅以复杂的应用系统，因而需要高昂的投入。然而，建立在数学算法之上的区块链技术可以帮助网络便利地达成共识，因而更好地解决人类建立信任、传递信任的难题，实现更高效的人类大规模协作。在互联网时代，我们已经通过人与人的强关系带动弱关系建立信任和连接。而区块链技术通过数学原理而非中心化信用机构，来降低建立/传递信任的成本。之前我们的信任是需要通过"人"的关系或者通过权威机构去背书的，未来我们的信任则是可以通过"机器"去背书和实现的，从被动的单中心背书的人与机构信任到主动的多方的机器信任、技术信任、算法信任。总体而言，区块链通过创造信任来创造价值，使离散程度高、管理链条长、涉及环节多的多方主体能够有效合作，从而提高协同效率、降低沟通成本。

（3）从野蛮生长到秩序重建，区块链能够实现传统互联网向秩序互联网转向。当下的互联网信息过载，数据是"分散无序"的，安全问题层出不穷，网络秩序亟待重整。互联网用户越多越不安全，而区块链的节点越多则越稳定；互联网是离散式的拓扑结构，区块链则是线性化的链式牵引；互联网的无序熵增导致信息遗忘，而区块链保持有序熵不流失；互联网是在混乱中产生秩序的，而区块链是在秩序中连接混乱的。如果说互联网为人类带来一个信息碎片化时代，那么区块链则是在维护数字空间秩序、重构文明线性思维。

Web1.0可以理解为第一代互联网，它的主要特点是网络平台单向地向用户提供内容，读者只能被动地接收规定好的内容，无法产生互动。Web2.0强调内容的互动，读者不再只是内容接收方，而可以成为内容的提供方和平台的共建者。但是由于数据源源不断地向中心化服务器和商业机构汇聚，而产生数据垄断现象，严重阻碍技术创新与进步，同时导致商业模式单一。在期待的Web3.0中，用户为满足自身需求进行交互操作，并在交互中利用区块链技术，从而实现价值的创造、分配与流通。

区块链是一个个区块按照时间戳顺序形成的链，就像是一条条"绳"，这些在不同应用场景下产生的"绳"具有彼此连接的现实需要和内生动力，把不同区块链相互连接就像把"绳"结成"网"，能实现链与链之间的数据流通、业务交互和价值交付，进而形成跨区域、跨场景、跨部门区块链应用的立体空间。Web3.0是一个更加开放、公平和安全的网络，其网络形态不是当前Web2.0的简单升级，它要解决的核心问题其实是平台利益的分配问题。Web3.0最特别的，就是用户所创造的数字内容所有权和控制权都归属于用户，用户所创造的价值可以由用户自主选择与他人签订协议进行分配。从以上描述我们可以得出，区块链与Web3.0相互叠合，必将重构社会价值体系。

7.2.4 从互联网思维跨越到区块链思维

区块链不仅是技术，还是认识的方法论，区块链思维（Blockchain Thinking）是数字文明社会中应普遍具备的一种思维方式。区块链思维包括分布式思维、代码化思维、数据要素思维、隐私保护思维、共享思维、社会化思维，区块链思维特点如图7-4所示。

图7-4 区块链思维特点

回顾过往，以互联网思维建立的平台经济模式取得巨大的成功，诸多平台以数字技术实现跨时空的"连接"以聚集流量、积累数据，推动数字经济快速增长。但由于互联网思维是纯粹中心化的商业逻辑,导致数据垄断、技术霸权、侵犯数据隐私等倾向,平台利用数据和技术优势在自身快速发展的同时,常常表现出利用这些优势破坏市场公平竞争的冲动,导致平台正从初期的屠龙少年滑向恶龙深渊的边缘。这个情况促使人们回到起点反思平台的转变,并重新寻求解决方案。

区块链不等于下一代互联网,区块链思维也不同于互联网思维。区块链思维是一种运用区块链内在特性考虑问题的思维方法,是在区块链技术不断发展的背景下,对整个社会、经济、生态进行重新审视的思考方式。

1. 分布式思维

分布式思维寄托的是人类追求民主、平等的美好愿望。分布式组织以共同的价值主张为基础,在集中与平等、控制与协商、多层与单层、中心与分布之间取得平衡,是自我组织、自我管理的。区块链分布式思维的神奇之处就在于参与各方彼此之间都不必存在相互的控制关系,通过多方共识监督维持秩序,所有的生产与互动都靠分布式的共识方式自行运转。区块链的分布式组织架构是一种基于用户价值创造和跨领域价值网的高效合作组织形态,网络成员实现互为主体、资源共通、价值共创、价值共享,进而创造单个组织无法实现的高水平发展。分布式思维是区块链最重要的思维之一。

2. 代码化思维

代码化思维让数字世界规则更显现,协作更透明。在区块链支撑的数字世界里,通过代码来记录,通过代码来执行协议,通过代码来进行计算。代码化思维追求的是合作的透明度,提高履约率并降低信用风险。从口头协议到书面合同,再到电子合同,契约从纸质化、数字化一直在强化信用风险管理。代码化实际上是在契约数字化、数据化之后的升级,即通过代码撰写契约,在公开透明的链上自动履行契约,最大限度地降低违约率。

3. 数据要素思维

数据要素思维表明区块链不但是一种技术体系,同时更是一种数据协同机制。资源要发挥其应有价值,首先要确权并保护该权利,从而避免价值耗散,公共资源尤其要避免"公用地悲剧"。数字时代的数据是重要的生产要素,要使其产生价值,关键在于数据确权。区块链能与物联网技术、数字身份技术相融合,以分布式的方式对云原生、物原生及人工数据加以多方确权;通过智能合约设立访问权限和规则,并加以监督和维护规则的确实执行,通过存证对访问记录加以留痕,真正的保障数据所有者、使用者的权利,进而消除数据流通的权属壁垒,使数据发挥其应有的最大价值。

4. 隐私保护思维

虽然区块链以公平透明为首要特征,但是采用区块链并不是抛弃数据隐私,反而要时刻考虑数据隐私,区块链隐私保护思维就是尊重和保护数据隐私,实际上是技术向善的体现。对某些数据隐私的保护,尤其是那些重要数据,单纯的隐私计算是欠缺监督和效果评价的,区块链技术与隐私计算技术相融合,以智能合约实现隐私规则,并以智能合约对特定算法的执行监督,以记录存证实现对数据使用的方式、范围进行留痕,保留事后追索的能力。能实现真正的"用数不见数",是对数据隐私真正的尊重和保护。

5. 共享思维

区块链共享思维突破独占独享的存粹"利己"模式,以多方"共建共有共治共享"的模式为基石来构筑。它拥有技术架构的可信性,也拥有分配过程的公平性,从而可以使得参与人员的行为达到规范性。相比单中心化系统,多中心化系统信任要素的构建就很困难,所以要依赖区块链这种独特的信任结构设计,也必须依赖更为复杂的信任要素组合,也就是共识机制。区块链共享思维铸造其经脉灵魂,每个参与方遵从共享思维秉持理性追求共识就能共同发展。

6. 社会化思维

区块链社会化思维突破单纯的商业思维的局限,还面向社会、经济、生态、政府、社团,是更普遍、更广泛的思想和行为准则。采用区块链不能仅局限在追求商业利益,更多体现在公平和透明,体现在信任和共治,体现在整体和全局,以实现全体参与方的共同发展,提升全生态的效能。区块链以全社会的福祉为目标,重构互联网价值体系和秩序规则,保障数字技术向善,提升社会治理水平,促进数字经济发展,最终实现虚实相生的数字孪生空间共同体的共治、共赢,实现共同富裕。

区块链的分布式思维和代码化思维体现数字文明的数字信任特征，数据要素思维和隐私保护思维体现数字文明的科技向善特征，社会化思维和共享思维体现数字文明的共享社会特征。因此，区块链思维是提前触摸未来数字文明的一份行动指南，充分运用区块链思维必将照亮认知盲区、催熟技术升级、开拓产业空间、提升治理水平，进而造福全体人类。

7.3 区块链未来十年的蓝图

互联网作为信息社会的基础设施，推动了社会经济发展与变革，但在这个过程中未带来真正的公平、透明、无边界的发展环境，而是逐渐造成新的垄断问题。这些问题在生产关系层面体现为信任缺失、产权不明、资本垄断，不仅不能更好地推动社会化大生产，还在一定程度上制约生产力的发展。区块链作为一种新手段，有望在未来促进上述问题的解决，并在多个领域都有突出的作为，尤其体现在促进数字经济发展、提升社会治理水平、践行科技向善、发扬和合文化及承载元宇宙等方面。

7.3.1 释放数字经济发展新动能

数字经济时代，区块链让数据真正生产要素化，为商业模式创新和经济规则变革提供机会，以信息透明化、思想工具化、金融普惠化为代表的新数字商业模式迅速崛起，最终服务于数字经济战略。

区块链的经济价值，首先体现在它对业务模型的优化上。得益于新型"背靠背"式的可信分布式记账模式，在多方参与的业务场景中，区块链所特有的数据可共享、信息可回溯、信任可传递、天然防删篡技术特点能够客观发挥提高信任达成效率、降低交易成本的作用，在某些特定场景下，甚至可以使交易过程中的信任摩擦成本降为零。

其次，经过十余年的发展，从比特币、以太坊到今天各类联盟链的大规模应用，区块链技术已在金融、电子政务等关键领域逐步探索出合理的、与原有业务场景更加融合的机制，能有效覆盖区块链体系设计、实施及持续运营所产生的额外成本。

简言之，区块链对商业模式和运营机制的持续优化能力，将成为区块链应用不断持续、深入的重要保障，使区块链经济价值不断显现。

7.3.2　擘画社会治理体系崭新蓝图

数字时代的社会治理迫切需要着力解决数据信息碎片化、流程割裂化、服务条块化等问题，确保数据信息在政府、社会、市场及民众之间畅通，真正以数字化推进国家治理体系和治理能力现代化。借助区块链技术生态体系，构建可信的数据空间，破解碎片化、割裂化与条块化等数字鸿沟问题，将更好地推进政府职能转变，不断创新优化公共服务，打造便利、公平的营商环境，更大程度激发市场活力和社会创造力，显著提高人民群众的获得感，实现更强的社会经济治理效能。

推进治理体系和治理能力现代化，既要有宏观的、自上而下的顶层设计，又要有微观的、自下而上的技术支撑，两者互为表里、缺一不可。古今中外，因缺少工具和路径而导致治国理念无法落地的情况屡见不鲜，而在科技力量越发广泛深入触及社会末梢的今天，如果没有强大的技术支撑，推进治理体系和治理能力现代化的进程将更有可能变得缓慢、低效、流于形式。中央网络安全和信息化委员会印发《"十四五"国家信息化规划》，以构筑共建共治共享的数字社会治理体系为主线，提出要运用现代信息技术为"中国之治"引入新范式、创造新工具、构建新模式。有效利用以区块链为代表的新兴技术，将多方参与、多边协商、多元共存的治理理念，以及组织、协同、分配、约束等具体诉求与技术的组网能力、交互能力及合约执行能力相结合，就有机会让摸不到、看不见的治理思想及治理体系以流程、功能、数据等方式直观呈现，从而实现治理理念、治理体系与治理手段的融会贯通，上下如臂使指，进而构建一种筑基在新型社会信任体系基础上的现代社会治理模式，区块链与社会治理如图7-5所示。

社会治理是一门科学，数字社会治理是这门科学上的时代亮点。未来随着数字中国建设取得决定性进展，数字社会治理格局将基本形成，区块链技术将使数字社会治理能力得到大幅提升，推动我国社会治理从"大国之治"迈向"强国之治"。

中共中央政治局第十八次集体学习《"十四五"国家信息化规划》
"四个全面"战略布局 "五位一体"总体布局
党的二十大报告《中华人民共和国国民经济和社会发展
第十四个五年规划和2035年远景目标纲要》

区块链
- 去中心化
- 开放性
- 可信性
- 共识性
- 不可篡改性

社会治理
- 加强和创新社会治建
- 打造共建共治共享的社会治理格局
- 加快网络信息技术推进社会治理
- 提高社会治理的智能化水平
- 以数字化转型整体驱动治理方式变革

提升社会治理智能化 　　助推社会治理精细化 　　推动社会治理法制化

图7-5　区块链与社会治理

7.3.3　践行科技向善造福全人类

区块链在监督和管理数据的同时，还间接地发挥监督数据上层应用及关联新兴技术的作用，能有效制衡和规范技术的有序发展，从而更好地预防技术霸权、数据垄断。因此，可以充分利用区块链技术分布式、交叉性、共识性、自动化的特点，以部分计算资源及计算效率为代价，在数字世界中构建一套孪生于真实社会的、根植于"机器之脑"的道德规则、法律体系及奖惩机制。通过对数据、应用及上层数字孪生空间的治理，区块链能够辅助治理体系从制度层向执行层渗透，逐步实现物理世界的隐秩序外显化、可视化、敏锐化，使网络及未来数字社会更加可信和安全，从而让科技这一"双刃剑"更好地造福人类。

"区块链+"是区块链思维的进一步实践，可以被认为是区块链技术催生的区块链网络发展的新业态，在区块链思维的推动下，促进社会价值创造与交易并形成秩序互联网发展新形态。"区块链+"将区块链技术应用渗透到经济社会的多个领域，随着科学技术的发展，利用信息和互联网平台，使区块链技术与多领域统合，利用区块链具备的优势特点创造新的发展机会。

既要仰望星空，又要脚踏实地。"区块链+"赋能社会民生正在行稳致远，各个国家、各个行业都在积极研究区块链相关技术，积极推动区块链在教育、就业、养老、精准脱贫、医疗健康、商品防伪、食品安全、公益、社会救助等领域的应用。区块链正逐步渗入我们的日常生活中。展望未来，区块链作为一项连接信任的技术，定能更好地改善民生，提升群众幸福指数，为新时代高质量发展贡献更大智慧。

7.3.4　体现和合文化的普世价值观

区块链中蕴含着深厚的文化内涵，可能远大于其技术方案本身。区块链是原创的技术方案应用于金融领域的创新成果，之后，人们又把这一创新成果延伸应用到社会生产、生活的各个方面。虽然技术在初创时期都作为人类身体机能的外化拓展，但随着技术被普遍采用，技术会反过来深刻地改变和塑造人类社会本身。因为技术必然会体现人类的文化与价值判断，并反过来对人类社会的意识、文化有着潜移默化地渗透作用。

和而不同、兼容并蓄的中华和合文化源远流长，和合思想是以和谐的内涵为理论基础的文化体系，是中国文化的精髓，是创建和谐社会与创建和谐世界的前提条件，也是人类的普世价值观。"和"可以理解为万物相连，表现的是万物相互尊重前提下的连接关系。这正是区块链分布式共享平等和谐原理的核心理念，所以说区块链就是"和"文化在现代科学中的体现。比区块链技术方案所实现的功能更重要的，是其思维与蕴含的文化理念：作为中心的自己做主，所有中心必须共同遵守一定的规则（和谐共处、平等相待的原则），这样能维持系统的稳定运行并发挥其作用，做到人人平等、合作共赢。

自古以来，中国传统文化一直是中国治国理政的极其重要的智慧来源，其经典理念更深深植入中华民族的基因，并在伦理实践中将精髓转化为可信可行的制度规定。如何随着时代变化将此传统发扬光大，是现代治理体系建设需要持续思考及实践的课题。而在区块链技术的支持下，过去无法以基础设施和协同体系形式出现的制度安排将可能借助新一代信息技术体系重新构建，政府依法行政和个人诚信守法等具体实践有望得以路径重构，法制建设有望得以体系化升级，"以德治国""依法治国"并行不悖、相得益彰、良治善治的治理愿景有望得以逐步实现，中华文明治国理政的古老智慧将得到新诠释、新实践。

7.3.5 承载虚实共生的元宇宙时代

通常说来，元宇宙是基于互联网而生、与现实世界相互打通、平行存在的虚拟世界，是一个可以映射现实世界、又独立于现实世界的虚拟空间。它不是一家独大的封闭宇宙，而是由无数虚拟世界、数字内容组成的不断碰撞、膨胀的数字宇宙。

元宇宙的实现，可以有多条路径，从城市建设、发展的视角，以"数字孪生城市"的建设切入最为适当。通过数字城市的建设，以遵守现实世界的法律法规为基础起点，在充分保护数据安全的前提下，可以顺畅地实现经济、生活、治理等各领域向元宇宙的数字镜像、数字原生和数实相生过渡。区块链作为数字城市的基础设施，能助推元宇宙快速落地。首先，区块链所具有的数据信任能力，使其成为元宇宙生态中必不可少的元素。其次，区块链能协助构建若干个开源的元宇宙，如统一的数字身份，并通过跨链实现互联互通，有利于元宇宙的长远发展。

元宇宙为我们展示了一个富有想象的新世界，这个新世界很难靠一项单独的技术支撑，元宇宙的发展需要 VR/AR 技术、大数据、云计算、人工智能等多种技术共同协作完成。但这些技术只能在某些场景或者某些片段当中有效，区块链能够将各个场景真正串联起来。区块链在其中的价值不仅在于可以建立起各种技术之间的联系，还在于因其对信任的传递实现对元宇宙其他技术的复合和加权，达到"1+1>2"的效果，构造一个基于新技术群的完整闭环。元宇宙世界的实现无论是内部体验上，还是跨元宇宙互通上，甚至虚实世界的内外联通上，都可以从区块链的应用上找到解决方案，在多方赋能中不断构建一个全新的元宇宙时代。

小结

数字文明是继农耕文明、工业文明后的第三次文明，它不仅带来新技术、新理念、新观念、新模式，而且对社会生产、人民生活、社会经济、国家治理等方面均产生重要而深远的影响，是一个新的人类文明时代。我们目前正处于一个新旧时代的交叠期，未来的时代必将属于数字文明。展望未来，在诚信社会、智能治理的基础上，会形成不同城市、不同民族、不同文明之间相互尊重、平等相待、美美与共、开放包容、互学互鉴的人类共识，一个和而不同的人类命运共同体且行且近。

在数字文明形成的过程中，人们将充分运用不断丰富的区块链思维和逐步迭代的区块链技术构建全新的透明监督服务及自动化规则引擎，融合信息安全、人工智能、大数据、物联网等前沿技术实现全新的"共享—服务—监督"模式，保护个人、企业与公共的数据隐私与数字权益，实行穿透式实时监管，建立无边界化的新组织形态、新激励机制和新经济模式，构建无缝连接的物理世界与数字世界。

数字文明的基石已经铸就，这必将引领人类奔向数字文明的星辰大海。

AFTERWORD 后记

筑区块链之基，育数字之林，行技数之治

一、雄安以实际需求为目标导向，提出"城域区块链"技术体系与思维模式

"雄安从一开始就植入了区块链的基因，区块链与城市操作系统一样，作为智能城市的基础设施嵌入到数字雄安建设发展的每一个环节、每一个角落。"这句话不但在本书中使用，在与雄安区块链创新有关的文字中几乎都会出现。这一句看似简单的话，其实是雄安区块链实践探索的精髓所在。雄安的区块链创新是全域、全程且全员参加的，雄安新区数字城市建设的每个领域、每个阶段都有相应的区块链创新涌现，参与创新的实践者涉及政产学研金媒各领域。

雄安的区块链创新是一个从实际应用提取需求，又将技术成果应用到更广泛的实际中去的螺旋递升的过程。区块链技术的落地，重点不全在"应用"本身，而在于发挥区块链的真正价值，其评判标准在于能否以技术创新推动社会变革、提升效率、促进二次创新。通过应用场景的创新，反向要求区块链技术持续创新，以及要求机制与流程持续创新，形成良性互动。

经过几年的探索，我们积累了一些经验成果。首先，有了当得起城市级数字基础设施的区块链底层平台和运营系统。其次，是初步形成开放的协作研发与运营模式，雄安的区块链创新从研发到运营的各个阶段，都会有政产学研金媒各领域的协同力量参与进来，优势互补，形成合力，推动创新发展。最后，我们总结提出"城域区块链"理念，认为城域区块链是可以打通数字技术领域与数据空间，并将其有序融合与联通的技术体系与思维模式，这种技术与模式可以推动数字化转型快速发展。

二、城域区块链创新方兴未艾，加快探索支撑数字城市建设与发展

"道阻且长，行则将至"，雄安的区块链创新已经有了良好的开局，但是其创新之路还很漫长。诸如将城域区块链平台作为数字孪生城市与衍生的元宇宙的可信赖的底座，将雄安的区块链数字身份拓展成为统一的身份标识规则，将雄安的区块链支付拓展成为统一的价值兑现工具等方面，既需要区块链自身的创新进步，也需要区块链与更多技术融合发展。

作为一个依赖技术水平、治理架构、地理区位及基础设施发

展水平的延展概念，对城域区块链的发展趋势和未来场景的构想，既包括对以上条件发展趋势的判断，也包括对基于城域区块链所构建出来的应用场景，乃至城域区块链最终发展形态的畅想。我国"十四五"时期正处于人类工业文明向数字文明进化的重要关口，基础设施建设、经济发展形态、社会治理模式、国际交流合作、人民生活习俗等各领域的方方面面都在数据潮流中冲刷激荡，生产关系得到重塑，数字生产力得到激活，社会信任得到加强，人类命运共同体进一步成形，而这一切改变的最佳实践单元是城市。城域区块链针对城市级的数据资源进行挖掘、共享、开发，构建起了全量、透明、公开、安全的体系架构，让所有基于数据的人类活动都得到可靠、有效的支撑，让人工智能、云计算、大数据等信息技术在新场景中融合提升，让新的思想、观念、知识、方法从数字客观分析中催化产生，终将成为未知领域探讨、现代科技创新、新的需求发现、社会财富创造的动力与源泉。

  尼古拉·尼葛洛庞帝曾说："使人惊讶的是，无论你做什么预测，事实总是被低估了。最极端的预测都落后于现实。预测未来的最好办法是创造未来。"我们坚定地认为城域区块链未来可期，并在雄安新区坚定地努力实践探索城域区块链创新，为雄安新区数字城市建设的各个领域、各个阶段贡献区块链的力量。因此，出于对区块链创新的信心与期冀，我们不失严谨地提出对城域区块链发展前景的预期。

1. 城域区块链理念内涵随数字城市"生长"而发展

城域区块链将经历一个长期发展、日益丰富的过程，经过不断的设计、实践、修正及再设计，城域区块链将从一个概念出发，逐渐被阐述为一套完整的理念体系。在此理念体系下，城域区块链的技术支撑能力将首先得到认可，通过在多个场景中持续、深化的应用，城域区块链将逐渐成为数字城市不可或缺的基础设施。在此基础上，如前文所述，城域区块链在共识算法、治理架构、智能合约等方面的技术设计将首先与核心场景实现深度结合，通过推动效率效能大幅提升，城域区块链将成为城市维度内进行信用管理的基本手段。此外，城域区块链通过技术融合实现价值串联的角色身份将被广泛接受。在兼顾价值诉求、业务诉求、安全合规诉求及成本诉求的前提下，城域区块链作为打破数据事实垄断的重点研究方向，有望成功解决数据孤岛问题。因而，随着城域区块链理论体系的不断完善，以及各个领域应用的不断丰富和深入，城域区块链将成为政府治理、施政及服务的组成部分，成为"主权区块链"[1]在城市治理领域的具体抓手。

2. 城域区块链技术努力追求"更高更快更强"

城域区块链将在持续落地过程中，发展出更符合城市类应用的技术能力。城域区块链将以更高标准提出、满足自主可控的要求，在兼容并蓄的前提下，城域区块链可实现零障碍地有序化替代；应用场景的海量用户和高并发特性，也将倒逼城域区块链进

---

[1] 《主权区块链1.0：秩序互联网与人类共同体》，连玉明，浙江大学出版社，2020年

行架构及算法调优，以实现更高的运行效率；在与上层应用系统架构持续结合、交互持续迭代的过程中，城域区块链必然会造成原有计算体系架构的改变；为了解决数据真实性最后一公里，以及数据源头设备交互、标识、管理问题，并兼顾弱计算资源支撑下的数据共识性能问题，城域区块链将从算法设计层、设备管理层、性能调优层等角度向硬件下沉，即通过FPGA、AIOT、物联网标识等技术手段，减少计算能力在软件层面的衰减，进一步提高硬件对城域区块链的支撑能力。城域区块链技术的发展要根据适用条件有选择地与现有的互联网底层协议和城市数字基础设施并行发展，在不断解决起步阶段存在的内生性技术缺陷的过程中，迎来技术更迭所带来的社会演进图景：城域区块链将实现更高的自主可控率要求、更高的运行效率要求、更高的隐私安全要求及更高的扩展性的要求。

3. 城域区块链应用更加多样并富有成效

城域区块链在应用层面更广泛适用于城市的金融服务、产业协同、数字孪生及元宇宙等协同发展、城市治理、民生服务等政、商、民用领域。通过与应用场景的深度结合，城域区块链将不会止步于一个技术支撑体系，而是通过向协同模式、交互理念的逐层渗透，逐渐衍生为一个立体的、多维嵌入的数字空间共生体。总体来说，城域区块链将在数字城市系统全面应用。城域区块链与数字城市的深度结合，既要考虑城域区块链的先天优势，即首先聚焦在数字城市共享支撑平台的数据流通、流程管理领域内重点发力；也要考虑数字城市乃至数字空间共同体未来的实际诉求，在弱资源激励、自组织模型等领域进行先锋实践。城域区块链将在应用场景层面沿深度和广度两个方向同步扩展。应用深度扩展，是指城域区块链与单一场景的业务结合点和流程交叉点增多，区块链与应用场景的结合深度持续增强，其赋能作用持续提升；应用广度拓展，则是区块链在政务、产业、金融、公共服务等场景下的全覆盖，即在数字城市这一宏观命题下，区块链技术将被精准应用到各业务场景的必要环节，并因此而发挥恰当的业务逻辑重构作用。

微积分的发明人莱布尼茨也是一位著名的数理逻辑学家，他曾有一个梦想：有一套基于逻辑符号运算的强大的机器，能够按照事先拟定的规则自动对输入进行分析和演算，对输出予以确认和执行。这既是对通用计算机的预测，也是对规则与秩序的预期。面对区块链这样的分布式共享总账技术，我们不禁想到：区块链逻辑严谨的结构与强力执行的脚本，是否让我们离莱布尼茨的梦想更近了呢？

本书的撰写始于2021年1月，经过多轮研讨和修订终于成稿。本书编写的内容与雄安实践过程同步开展，城域区块链技术体系的形成源于雄安新区管委会提出的数字城市建设思路和需求，并得到"雄安新区自主可控区块链底层技术平台"项目的支持，丰富的实践案例得益于河北雄安新区数字城市建设领导小组办公室的大力推动，对诸位领导、专家的创新理念和悉心指导表示由衷的敬意！同时，也诚挚感谢参与雄安区块链实践的单位，是大家以梦为马的情怀和脚踏实地的努力，让雄安新区的区块链创新取得了令人瞩目的成效，包括但不限于：雄安新区智能城市创新联合会、雄安集团数字城市科技有限公司、北京航空航天大学、河北大学、河北地质大学、中国科学院计算技术研究所、中信银行股份有限公司、中国农业银行股份有限公司、工银科技有限公司、建信金融科技有限责任公司、中国银行股份有限公司、中国联合网络通信有限公司智能城市研究院、河北雄安火树科技有限公司。

本书编委会
2023年6月于雄安新区